Sylvia Rose

Gelebte Inklusion
Menschen mit Lernschwierigkeiten auf ihrem Weg
aus einer Werkstatt für behinderte Menschen
auf den allgemeinen Arbeitsmarkt

disserta
Verlag

Rose, Sylvia: Gelebte Inklusion: Menschen mit Lernschwierigkeiten auf ihrem Weg aus einer Werkstatt für behinderte Menschen auf den allgemeinen Arbeitsmarkt, Hamburg, disserta Verlag, 2014

Buch-ISBN: 978-3-95425-744-7
PDF-eBook-ISBN: 978-3-95425-745-4
Druck/Herstellung: disserta Verlag, Hamburg, 2014
Covermotiv: © laurine45 – Fotolia.com

Bibliografische Information der Deutschen Nationalbibliothek:
Die Deutsche Nationalbibliothek verzeichnet diese Publikation in der Deutschen Nationalbibliografie; detaillierte bibliografische Daten sind im Internet über http://dnb.d-nb.de abrufbar.

© disserta Verlag, Imprint der Diplomica Verlag GmbH
Hermannstal 119k, 22119 Hamburg
http://www.disserta-verlag.de, Hamburg 2014
Printed in Germany

INHALTSVERZEICHNIS

1 EINLEITUNG... **9**

1.1 Zielsetzung der Arbeit 9

1.2 Aufbau der vorliegenden Arbeit... 10

2 ARBEIT... **11**

2.1 Begriffsdefinition 11

2.2 Der Wandel des Arbeitsmarktes und der Arbeitskraft 12

2.3 Die aktuelle Arbeitsmarktsituation bezogen auf Nordrhein-Westfalen............ 14

2.4 Die Bedeutung von Arbeit für Menschen mit Lernschwierigkeiten........... 15

2.5 Zusammenfassung 17

3 BEHINDERUNG.. **18**

3.1 Begriffsbestimmung.. 18

3.2 Systemisch - konstruktivistische Sicht von Behinderung............... 20

3.3 Zum Begriff der geistigen Behinderung.................................... 21

3.4 Zum Begriff der Lernbehinderung... 23

3.5 Zusammenfassung 25

4 INTEGRATION... **27**

4.1 Die Definition des Begriffs Integration..................................... 27

4.2 Kritische Anmerkung zur Integration 28

4.3 Soziale Eingliederung von Menschen mit Lernschwierigkeiten............ 30

4.4 Zusammenfassung 31

5 DIE BERUFLICHE LAGE VON MENSCHEN MIT LERNSCHWIERIGKEITEN 32

5.1 Gesetzliche Rahmenbedingungen zur beruflichen Integration 34

5.2 Arbeitsmarktbarrieren für Menschen mit Lernschwierigkeiten.............. 36

5.3 Der berufliche Werdegang von Menschen mit Lernschwierigkeiten............ 38
   5.3.1 Nachschulische Möglichkeiten auf dem Weg ins Berufsleben 40
   5.3.2 Förderinstrumente zur beruflichen Bildung................................ 46

5.4 Berufliche Integration in den zweiten Arbeitsmarkt 48
   5.4.1 Entstehung und Auftrag der Werkstätten für behinderte Menschen............ 49

5.4.2 Übergang aus der WfbM auf den allgemeinen Arbeitsmarkt..50

5.5 Zusammenfassung..55

6 INTEGRATIONSFACHDIENSTE (IFD) 56

6.1 Entstehung des IFD 56

6.2 Aufgaben des IFD..58

6.3 Der Personenkreis des IFD 58

6.4 Arbeitsweise der IFD 59

6.5 Auftraggeber und Finanzierung im IFD 61

6.6 Zusammenfassung..62

7 MENSCHEN MIT LERNSCHWIERIGKEITEN UND IHR PERSÖNLICHES ERLEBEN DER SOZIALEN INTEGRATION NACH DEM ÜBERGANG AUS DER WFBM AUF DEN ALLGEMEINEN ARBEITSMARKT 63

7.1 Vorteile der qualitativen Sozialforschung im Bezug zur Fragestellung....................63

7.2 Die Einzelfallanalyse als verwendetes Forschungsdesign 65

7.3 Der Untersuchungszweck im Kontext Sozialer Arbeit..66

7.4 Die Untersuchungsmethode..67

7.5 Die Untersuchungsteilnehmer 68

7.6 Die Untersuchungsbedingungen und -durchführung..68

8 AUSWERTUNG DER BEFRAGUNGSBEFUNDE 70

8.1 Einzelfallstudien 70
    8.1.1 Einzelfallstudie Frau A...70
    8.1.2 Einzelfallstudie Herr L. 71
    8.1.3 Einzelfallstudie Herr E. 71
    8.1.4 Einzelfallstudie Herr J...72
    8.1.5 Einzelfallstudie Herr A...73
    8.1.6 Einzelfallstudie Herr N...74
    8.1.7 Einzelfallstudie Frau B...75
    8.1.8 Einzelfallstudie Herr R...75

8.2 Auswertung nach der Grounded Theory..76
    8.2.1 Wahrnehmung des Übergangs WfbM / allgemeiner Arbeitsmarkt 77
    8.2.2 Soziale Situation am Arbeitsplatz 78
    8.2.3 Sozialkontakte in der Freizeit 79
    8.2.4 Soziale Situation im Wohnbereich..80
    8.2.5 Situation im Bereich der Mobilität..80

9 INTERPRETATION DER BEFRAGUNGSBEFUNDE 81

9.1 Aussagen aus dem Datenmaterial 81
9.1.1 Wie erleben Menschen mit Lernschwierigkeiten ihre soziale Integration nach dem Wechsel aus der WfbM auf den allgemeinen Arbeitsmarkt? 82
9.1.2 Welche Konsequenzen ergeben sich aus diesen Ergebnissen für die Soziale Arbeit? 84

9.2 Konzeptentwicklung im Übergang WfbM / allgemeiner Arbeitsmarkt 88

10 SCHLUSSBETRACHTUNG 90

11 AUSBLICK 93

ANLAGEN I

LITERATURVERZEICHNIS XLI

1 EINLEITUNG

„Ich finde es gut, ein ganz normales Leben zu haben" (LWL 1997, S. 48).

1.1 Zielsetzung der Arbeit

Den Übergang aus der Werkstatt für behinderte Menschen auf den allgemeinen Arbeitsmarkt schaffen nur wenige. Obwohl Menschen mit Lernschwierigkeiten schon lange bewiesen haben, dass sie langfristig auf dem allgemeinen Arbeitsmarkt bestehen können! Sie fordern für ihre berufliche Integration von der Gesellschaft die notwendige Unterstützung ein! Der Gesetzgeber hat viele neue Vorgaben erlassen, wonach die Bemühungen im Übergang aus der Werkstatt für behinderte Menschen (WfbM) auf den allgemeinen Arbeitsmarkt verstärkt werden sollen.

Im Prozess des Übergangs auf den Arbeitsmarkt, sind jedoch für die Betroffenen viele Hürden zu nehmen. Voraussetzung ist dafür ein hohes Maß an Eigenmotivation und eine Idee von einer Beschäftigung auf dem allgemeinen Arbeitsmarkt. Bei einigen Bewerbern besteht diese schon von Anfang an und ist sehr stark ausgeprägt. Andere Bewerber sind bei gleicher Eignung zaghafter und ihre Überlegungen nicht ohne ängstliche Vorannahmen: Werde ich die Arbeit bewältigen können? Werde ich mich dort auch wohl fühlen und zufrieden sein? Im Zustand der Unsicherheit, fließen Meinungen, Ängste und Sorgen der Bezugsbetreuer und -personen in das Meinungsbild der Betroffenen mit ein und können es beeinflussen. Aber können die Einschätzungen von außen richtig sein, wenn diese nicht auf Erfahrungsberichten von Menschen mit Lernschwierigkeiten beruhen, welche seit Jahren erfolgreich auf dem allgemeinen Arbeitsmarkt arbeiten? Müssten interessierte Bewerber nicht vielmehr ihre Fragen nach dem Erleben des Übergangs und nach der Zufriedenheit an Menschen mit Lernschwierigkeiten stellen, welche ihren beruflichen Weg auf den allgemeinen Arbeitsmarkt schon bewältigt haben? Muss den Betroffenen nicht eher zugebilligt werden, einen selbst bestimmten Weg zu gehen, eigene Erfahrungen zu machen, um schließlich eigenverantwortlich Entscheidung treffen zu können?

Das Buch beschäftigt sich daher mit der Personengruppe der Menschen mit Lernschwierigkeiten, welche auf eine langjährige Tätigkeit auf dem allgemeinen Arbeitsmarkt zurückblicken können. Im Speziellen interessieren hier ihre Erfahrungen und ihre Zufriedenheit mit ihrer Tätigkeit. Daher behandelt die vorliegende Studie folgende zentrale Fragestellung: Wie erleben Menschen mit Lernschwierigkeiten ihre soziale Integration nach dem Wechsel aus einer Werkstatt für behinderte Menschen auf den allgemeinen Arbeitsmarkt und welche Konsequenzen ergeben sich daraus für die Soziale Arbeit?

1.2 Aufbau der vorliegenden Arbeit

Das Buch gliedert sich in einen theoretischen sowie in einen forschungsbezogenen Teil. Im vorangestellten theoretischen Teil werden Themengebiete bearbeitet, welche mit der Forschungsfrage in Verbindung stehen und auf diese hinweisen sollen. Dieser beginnt nach der Einleitung mit einer Klärung der Begriffe Arbeit, Behinderung und Integration und wird durch eine Schilderung der beruflichen Situation von Menschen mit Lernschwierigkeiten ergänzt. Die Beschäftigungsmöglichkeit innerhalb einer Werkstatt für behinderte Menschen wird hier als eine Möglichkeit der Berufstätigkeit für Menschen mit Lernschwierigkeiten näher beschrieben. Daran schließt sich die Vorstellung der Arbeit der Integrationsfachdienste an.

Die praktische Untersuchung der zentralen Fragestellung folgt im forschungsbezogenen Teil des Buches. Im Bezug zur Fragestellung werden einleitend die Vorteile der qualitativen Sozialforschung beschrieben. Daran schließen sich Ausführungen zum gewählten Forschungsdesign an. Der Forschungszweck wird in Beziehung zur Sozialen Arbeit dargestellt. Es folgt eine Beschreibung der Untersuchung in allen Einzelheiten. Das problemzentrierte Interview dient in dieser Arbeit als Verfahren zur Erhebung von Forschungsmaterial. Alle gewonnenen Ergebnisse und Erkenntnisse, werden in Kapitel 8 ausgewertet und in Kapitel 9 interpretiert. Mit der Schlussbetrachtung endet diese Arbeit, sowie mit einem Ausblick. Alle durchgeführten Interviews sowie der Interviewleitfaden, sind im Anhang zu finden.

Weitere Anmerkungen:

An dieser Stelle möchte ich mich herzlich für die Gesprächsbereitschaft meiner Interviewpartner bedanken. Namensnennungen in den Interviews wurden aus Gründen des Datenschutzes verändert und abgekürzt und Namen von Betrieben komplett abgeändert. Aus Gründen der Lesbarkeit wurde in dieser Arbeit ausschließlich die männliche Form der Anrede gewählt. Selbstverständlich schließt diese Form der Anrede die weibliche Form gleichwertig mit ein. Menschen mit einer Lernbehinderung und Menschen mit einer geistigen Behinderung werden zu Menschen mit Lernschwierigkeiten zusammengefasst. So oft wie möglich, wurde auf eine Voranstellung des Menschen vor dem Merkmal geachtet. Die Arbeit wurde nach der neuen Rechtschreibung verfasst.

2 ARBEIT

Arbeit steht als Thema in Zeiten hoher Arbeitslosigkeit im Mittelpunkt unserer Leistungs-
gesellschaft und ist daher sehr aktuell. Wird Arbeit nur rational betrachtet, zielt sie allein
auf die Sicherung des Lebensunterhaltes des Einzelnen ab. Doch Arbeit bedeutet nicht
nur Geld verdienen und darf insofern nicht nur darauf reduziert werden! Arbeit kann uns
Menschen noch wesentlich mehr bieten, wie z.b. Wohlbefinden und Selbstwertgefühl,
Sinngebung, Zufriedenheit, Lebensorientierung, Selbstverwirklichung, Anerkennung, soziale Kontakte und gesellschaftliche Teilhabe. Die Möglichkeit der Erwerbstätigkeit ist daher
für jeden Menschen elementar wichtig. Arbeitslosigkeit stellt somit ein großes gesellschaftliches Problem dar.

2.1 Begriffsdefinition

*„Die Arbeit ist zunächst ein Prozess zwischen Mensch und Natur, ein Prozess, worin der
Mensch seinen Stoffwechsel mit der Natur durch seine eigene Tat vermittelt, regelt und
kontrolliert. Er tritt dem Naturstoff selbst als eine Naturmacht gegenüber (...) um sich den
Naturstoff in eine für sein eigenes Leben brauchbaren Form anzueignen. Indem er durch
diese Bewegung auf die Natur außer ihm wirkt und sie verändert, verändert er zugleich
seine eigene Natur"* (MARX / ENGELS 1993, S. 192).

Arbeit wird auch als zielorientierte, geplante und bewusst ausgeführte Tätigkeit von Menschen verstanden, welche unter Verwendung körperlicher, geistiger und psychischer Be-
fähigungen ausgeführt wird. Arbeit ist damit ein *„Produktionsfaktor"* (LANKENAU 1992,
S.24). Für die Sozialwissenschaft definiert sich Arbeit ebenfalls als eine Auseinander -
setzung mit der Natur durch eine zielgerichtete und gestaltende Tätigkeit, welche körperlicher oder geistiger Art sein kann. Arbeit wird im diesen Kontext als eine Aufgabe des
Menschen gesehen, welche ursprünglich ist oder durch die soziale Umgebung vermittelt
wird. Schon das Tätigsein an sich und nicht erst das fertige Produkt erzeugt Befriedigung,
selbst wenn die Arbeit sehr anstrengend ist. Die wirtschaftliche Arbeit dient der Befriedigung von Bedürfnissen im Konsumbereich. Geldwirtschaftliche Arbeit ist gleichermaßen
wirtschaftliche Arbeit und zielt auf das Erreichen eines Erwerbseinkommens ab, bezieht
sich daher auf Erwerbsarbeitsplätze. Belastungen durch die Arbeit werden vom Arbeiten-
den um des Geldwertes hingenommen. Bezogen auf das menschliche Individuum, erfüllt
Arbeit noch weitere Zwecke: Befriedigung, soziale Teilhabe, Tagesstrukturierung und einen höheren gesellschaftlichen Rang. Dagegen kann Arbeitslosigkeit zum Selbstwertver-
lust, zur gesellschaftlichen Isolation und sogar zu Krankheit und Tod führen. Der soziale
Rang einer Person wird entscheidend durch seine Position im Erwerbsleben definiert. Der

gesellschaftliche Stellenwert der Erwerbsarbeit eines Familienvaters, wirkt sich daher auf die gesamte Familie aus (vgl. GOTTSLEBEN 1986, S. 54 f).

2.2 Der Wandel des Arbeitsmarktes und der Arbeitskraft

Die Bestrebungen, Arbeitsabläufe zu rationalisieren begannen spätestens zu Beginn des 20. Jahrhunderts und beeinflussten nachhaltig den Arbeitsmarkt. Arbeit sollte mit einem Minimum von Kraft- und Zeitaufwand erledigt werden. Dazu wurden Messungen von Bewegungsabläufen und Arbeitsleistungen durchgeführt. Henry Ford entwickelte danach zum Beispiel ein Fließbandfertigungssystem und Frederik Winslow Taylor ein Akkordsystem. In den 1980er Jahren setzte sich eine verstärkte Automatisierung von Produktionsabläufen durch. Hinzu kam der Durchbruch von Informations- und Kommunikationstechnik im Bürobereich. Als Folge setzte eine Entwicklung ein, wobei jeder Bereich nach rationalisierbarem Potential untersucht wurde. Sichtweisen bezüglich einer Trennung zwischen planerischen und ausführenden Tätigkeiten wurden durch ganzheitliche Ansichten ersetzt. Projektorientierte und berufsübergreifende Arbeitsweisen setzten sich durch. Zusätzlich fanden Weiterentwicklungen im logistischen Bereich, wie z.B. Vernetzung mit anderen Betrieben sowie die Ausgliederung eigenständiger Arbeitsbereiche statt.

Die neuen Entwicklungen wirken sich auf das Angebot von Arbeitsplätzen nachteilig aus. Durch steigende Aufgabenkomplexität werden höhere Anforderungen an das Fachwissen, aber auch an übergeordnete Eigenschaften, wie Lernbereitschaft, Interesse und Flexibilität gestellt. In Folge dessen kann ein Anstieg von höher qualifizierten Tätigkeiten beobachtet werden und eine Absenkung der einfach strukturierten Aufgaben. Bereits in den 1970er Jahren konnte eine Spaltung des Arbeitsmarktes beobachtet werden. Zum einen gibt es die Belegschaft, welche zum Kern des Betriebes gehört und sich aus geschulten und langjährigen Mitarbeiter herausbildet. Dagegen wird die Belegschaft am Randbereich nur auftragsabhängig eingestellt oder aus Subunternehmen gebildet. Ihre Arbeitsverhältnisse sind unsicherer, da sie Auftragsschwankungen unterworfen sind. Ein weiteres Segment des Arbeitsmarktes wird von Zeitarbeitskräften oder anderen Aushilfskräften gebildet, welche sich flexibel in Aufgaben einarbeiten und auf Abruf eingesetzt werden. Abgetrennt vom allgemeinen Arbeitsmarkt stehen staatlich geförderte Sonderarbeitsmärkte für Personen zur Verfügung, welche keine Chancen haben auf dem allgemeinen Arbeitsmarkt beschäftigt zu werden (vgl. BARLSEN / BUNGART / HOHMEIER 1999, S. 19 ff). Der Wandel der Arbeitskraft lässt sich wie folgt feststellen:

Der „proletarisierte Lohnarbeiter" (PONGRATZ / VOSS 2004, S. 27) herrschte als Arbeits-kraftstypus im Zeitalter der Frühindustrialisierung vor. Diese Arbeitskräfte waren ursprüng-lich aus Feudalherrschaften freigesetzt worden. Sie kamen aus bäuerlichen Verhältnis-sen, waren niedrig qualifiziert und besaßen einfache handwerkliche Kenntnisse. Ihre Arbeitsfähigkeit war noch undifferenziert und musste erst geformt werden, d.h. sie besa-ßen noch keine disziplinierte Arbeitsweise, welche für die Arbeit in Großbetrieben not-wendig war. Die Disziplinierung der Arbeitskräfte wurde mittels streng unterdrückender Kontrollmethoden in den Betrieben durchgesetzt. Ihre Arbeitsverhältnisse waren unsicher, ihre Arbeit hart mit hohem Kräfteverschleiß verbunden. Die Arbeitszeit war lang, so dass wenig Zeit zur Regeneration verblieb. Eine direkte Ausbeutung der Arbeitnehmer durch die Betriebe war möglich, welche im Gegenzug den Arbeitnehmern keinerlei soziale Si-cherheiten boten (ebd. 2004, S. 26f).

Der „verberuflichte Arbeitnehmer" (ebd. 2004, S. 27) entwickelte sich in den Sozialstaaten im Rahmen der Festigung sozialer Sicherungssysteme, der Durchsetzung von Berufsaus-bildungen und der Stärkung industrieller Partnerschaften. Dieser Arbeitskrafttypus erlang-te eine höhere fachliche Qualifikation. Die berufliche Bildung verband die Vermittlung fachlicher Standards mit dem Erlernen der gewünschten Arbeitstugenden, wie z.B. Ar-beitseinsatz, Ordnungsbereitschaft und Zuverlässigkeit. Dadurch konnte davon ausge-gangen werden, dass die qualifizierten Arbeitskräfte eine Verinnerlichung dieser Tugen-den mitbrachten, was dazu führte, dass die betriebliche Kontrolle durch den Einsatz von Vorschriften und technischen Möglichkeiten verringert wurde. Grundlage für diesen Ar-beitskrafttypus ist der Fordismus[1], welcher die Arbeitskraft nutzt aber ihre Ausbeutung dämpfte, da er gleichzeitig die soziale Absicherung ausbaute, das Lohnniveau ansteigen ließ und die Arbeitszeit absenkte. Damit verbunden herrschte eine Arbeitsteilung zwi-schen Mann und Frau vor, wonach die Frau zuhause blieb, um den erwerbstätigen Mann von Haushalts- und Familienarbeit zu entlasten. Im Alltag entstand die bürgerliche Klein-familie mit konsumfreudigen Freizeitverhalten. Diese Form herrscht heute noch teilweise in den westlichen Industriegesellschaften vor (ebd. 2004, S. 26f).

PONGRATZ / VOSS beschreiben den „verbetrieblichten Arbeitskraftunternehmer" (ebd. 2004, S. 27) als ein neues Modell, welches den vorherigen Typus weiter verdrängen

---

[1] Fordismus bezeichnet nicht nur eine bestimmte Produktionsform für Warengüter sondern bildet ein System, in dem ökonomische, soziale und politische Faktoren zusammenspielen. Henry Ford steht mit seinem Betriebsmanagement zur Massenproduktion als Symbol für diese Epoche (vgl. KOLLER 2001, S. 2).

könnte. Die zentrale Anforderung an diese Arbeitskraft seitens der Betriebe ist die Fähigkeit zur Selbstdisziplin und zur eigenständigen betrieblichen Integration. Damit wird die direkte betriebliche Kontrolle weiter verringert, welche in eine individuelle Eigenkontrolle durch den Mitarbeiter selbst übergeht. Zu den fachlichen Qualifikationen werden überfachliche Eigenschaften wie z.B. die selbständige Vermarktung der eigenen Arbeitsproduktivität, die Bereitschaft zur Entgrenzung der Arbeit, bzw. die Verbetrieblichung des Arbeits- mit dem Privatleben erwartet. Individuelle Kompetenzen und Erfahrungen fließen immer mehr in die Berufskompetenz des Einzelnen hinein, welche in einem durchstrukturierten Alltag und innerhalb individueller Lebenspläne und Lebenssituationen verwurzelt sind (ebd. 2004, S. 26f).

SENNETT spricht im Zusammenhang mit den neuen Anforderungen an die Arbeitskräfte vom Wandel zum *„flexiblen Kapitalismus"* (ebd. 2000, S. 9). Er stellt fest, dass in diesem Zuge von den Arbeitnehmern verlangt wird, ihr Verhalten flexibel auf kurzfristige Änderungen abzustimmen und dabei die auftretenden Risiken selbst zu tragen. Die langfristige Planbarkeit der eigenen Karriere wird durch die sprunghaften Verschiebungen von einem Arbeitsbereich in den nächsten stark gestört. Die beschriebene berufliche Ungewissheit löst nach SENNETT (vgl. ebd. S. 9 ff) bei den Betroffenen Angst aus und hat damit Auswirkungen auf ihren Charakter. Unser Charakter bezieht sich auf langfristige Werte wie Treue, Loyalität, Stabilität in Beziehungen und wird damit von den Auswirkungen der ökonomischen Kurzfristigkeit unterwandert. Bezogen auf das gesellschaftliche Leben führt dies zu einem Konflikt zwischen Familie und Arbeit, da dieses System der neuen wirtschaftlichen Ordnung den Erhalt von langfristigen und engen Beziehungen, welche Menschen aneinander binden und ihnen ein stabiles Selbstwertgefühl vermitteln können, bedroht. Die flexiblen Bedingungen der neuen wirtschaftlichen Ordnung führen vielmehr zu einer Erfahrung des *„Driftens"* (ebd. S. 31). in der Zeit, von einem Ort zum nächsten und von einer Tätigkeit zur anderen Tätigkeit

2.3 Die aktuelle Arbeitsmarktsituation bezogen auf Nordrhein-Westfalen

In Nordrhein- Westfalen wurden im Januar 2006 insgesamt 1.083.300 Arbeitslose gemeldet. Im Vergleich zu Dezember 2005 ist dies eine Steigerung um 5,1 Prozent. Unter den Arbeitslosmeldungen zeigten sich gehäufte Zugänge aus folgenden Bereichen: Landwirtschaft, Bau, Einzelhandel und Verwaltung (vgl. REGIONALDIREKTION NORDRHEIN - WESTFALEN 01/2006).

Allgemein festzustellen ist eine Ausweitung der strukturellen Arbeitslosigkeit. Von dieser wird gesprochen, wenn Angebot und Nachfrage auf dem allgemeinen Arbeitsmarkt bezüglich der Vermittlungskriterien wie z.B. die berufliche Qualifikation, der Gesundheitszustand oder das Lebensalter nicht zusammen passen. Betriebe praktizieren dabei aktiv eine Sondierung im Rahmen der Suche nach dem Besten und grenzen andere Bewerber aus, welche von den oben genannten Kriterien her nicht passen. Folglich steigt die Langzeitarbeitslosigkeit, da das Fähigkeitsprofil der Arbeitslosen und -suchenden oftmals dem Anforderungsprofil der Unternehmen nicht genügt. Für die Betroffenen bedeutet dies, dass sich durch eine längere Arbeitslosigkeit ihre Chancen für eine langfristige Integration auf den allgemeinen Arbeitsmarkt nochmals reduzieren. Durch das Hinzukommen weiterer Hemmnisse in der Vermittlung kann sich das Problem erheblich verstärken. Schon bei arbeitslosen Personen unter 25 Jahre sind mindestens 10 Prozent ein Jahr und länger arbeitslos. Der Anteil der Langzeitarbeitslosen steigt in der Altersklasse ab 50 Jahre und älter auf rund 58 Prozent. Bezogen auf die Gesamtzahl der Arbeitslosen sind ein Viertel 50 Jahre und älter (vgl. ebd. 01/2006). Aufgrund des strukturellen Wandels auf dem Arbeitsmarkt, wirkt sich der Wegfall von einfachstrukturierten Arbeitsplätzen für unqualifizierte Arbeitnehmer negativ aus. Diese werden von Fachkräften mit Berufsabschluss, Fachhochschulabschluss oder Hochschulabschluss verdrängt. Das Fehlen formaler Qualifikationen zeigt sich über alle Altersklassen hinweg als kritischer Faktor, welcher häufig im Berufsleben zu instabilen Lebensläufen führt. Eine abgeschlossene Berufsausbildung hat aber auch nur dann einen Stellenwert für die Wirtschaft, wenn die erworbenen Berufsinhalte aktuell sind, angewendet werden können und in der Praxis weiterentwickelt werden. Also nur dann, wenn die Person nach der Ausbildung Berufserfahrung sammeln konnte. Da darüber nicht alle verfügen, befinden sich unter den ungelernten arbeitslosen Personen auch die, welche über eine abgeschlossene Berufsausbildung verfügen, dessen Kenntnisse aber nicht mehr aktuell sind (vgl. ebd. 01/2006).

2.4 Die Bedeutung von Arbeit für Menschen mit Lernschwierigkeiten

Arbeit hat für Menschen mit Behinderung, die gleiche wichtige Bedeutung wie für nichtbehinderte Menschen! Auch dem Menschen mit Behinderung bietet eine Erwerbstätigkeit die Möglichkeit, seinen Lebensunterhalt aus eigener Kraft zu finanzieren. Mit ihrer Hilfe erlangt dieser wirtschaftliche Stabilität und Selbstbestimmtheit. Er ist gleichermaßen in der Lage, durch seine berufliche Arbeit einen Beitrag zur Wirtschaftskraft des Landes und einen gesellschaftlichen Beitrag zu leisten. Arbeit bietet auch die Chance zur Selbstverwirklichung und kann Menschen mit einer Behinderung innerhalb ihres Selbstwertgefühls bestärken. Sie kann wertvolle Fähigkeiten des Menschen entwickeln und stellt daher einen Lebensinhalt dar, welcher zur Erfüllung und Zufriedenheit im Leben beitragen kann. Menschen mit Behinderung sind trotz den Erschwernissen ihrer Behinderung glücklich darüber, den Sprung in die Arbeitswelt erfolgreich geschafft zu haben und dadurch ein vollwertiges Mitglied der Gesellschaft zu sein. Eine Teilhabe im Berufsleben entschädigt Menschen mit einer Behinderung teilweise dafür, dass ihnen andere Bereiche verschlossen bleiben. Die Arbeit ermöglicht Menschen mit Behinderung Chancen für eine soziale Integration, z. B. durch das Knüpfen von sozialen Kontakten am Arbeitsplatz (vgl. BRACKHANE 1996, S. 159 f).

Menschen mit Lernschwierigkeiten sind im besonderen Maße stolz auf ihre Arbeit auf dem allgemeinen Arbeitsmarkt. Ihre hohe Motivation zeigt sich oftmals darin, dass sie bereit sind weitere Entfernungen mit öffentlichen Verkehrsmitteln oder mit dem Fahrrad zur Arbeitsstelle zurück zu legen. Sie entwickeln durch ihre Berufstätigkeit viele soziale Kompetenzen, welche sie in einer beruflichen Einrichtung für behinderte Menschen kaum erwerben könnten. Menschen mit Lernschwierigkeiten bringen Treue zum Betrieb und eine hohe Identifikation mit ihrer Arbeit mit. Sie gehen eine enge Kooperation mit Vorgesetzten und betrieblichen Mitarbeitern ein und erreichen dadurch stabile soziale Kontakte. Der Beruf wird ein wichtiger Bestandteil ihres Lebens. Dies wirkt sich positiv auf das Eltern – nun nicht mehr Kind – Verhältnis aus. Eltern erleben jetzt die Reifung ihres Kindes zum erwachsenen Menschen. Die oftmals enge beschützende Elternbeziehung verändert sich dadurch positiv. Die berufliche Entwicklung ermöglicht somit eine weitere Verselbständigung im Privatbereich. Das erlangte Selbstbewusstsein und das selbst verdiente Geld versetzt Menschen mit Lernschwierigkeiten in die Lage, sich vom Elternhaus zu lösen und selbst bestimmte Wege zu gehen. Diese neue Unabhängigkeit und Selbstbestimmung kann zum Beispiel den Auszug von Zuhause in eine ambulant betreute Wohnform, eine feste Paarbeziehung oder die Ausweitung von persönlicher Mobilität durch Erlangen des Führerscheins und die Anschaffung eines Autos oder Mofas bedeuten.

SPECK spricht im Rahmen der beruflichen Bildung und beruflichen Tätigkeit von einem menschlichen Grundbedürfnis. Diese Teilhabe an einem wichtigen Lebensbereich, muss auch Menschen mit Lernschwierigkeiten offen stehen. Sie erhalten darüber die Möglichkeit, ihre Fähigkeiten und Leistungen nutzbringend und sinnvoll einzusetzen und ein Gefühl der Zugehörigkeit zu entwickeln. Somit stärkt Arbeit ihr Gefühl für sich selbst und für das Leben. Mehr als für Nichtbehinderte, ist der Arbeitsort für Menschen mit Lernschwierigkeiten auch ein Ort der zwischenmenschlichen Begegnung. Da sie außerhalb der Arbeit nur wenige Sozialkontakte besitzen, beschränken sie sich nicht nur auf ihre berufliche Rolle, sondern sehen ihre Arbeitsleistung und den zwischenmenschlichen Kontakt als komplexe Einheit, so dass sie darüber ihrem Bedürfnis nach sozialer Teilhabe nachkommen. Die Arbeit kann somit Menschen mit Lernschwierigkeiten zu einer großen Zufriedenheit im Leben verhelfen (vgl. ebd. 1990, S. 323 ff).

KASSELMANN / RÜTTGERS stellen fest, dass Menschen mit Lernschwierigkeiten, welche nicht auf dem allgemeinen Arbeitsmarkt integriert werden konnten, langfristig von materieller Benachteiligung und gesellschaftlicher Isolation betroffen sind. Dagegen ermöglicht eine dauerhafte Integration auf dem allgemeinen Arbeitsmarkt Menschen mit Lernschwierigkeiten eine verbesserte gesellschaftliche und soziale Position und eine Lebensgestaltung, die selbst bestimmter ist. Gerade für Personen mit wenigen sozialen Kontakten birgt eine dauerhafte berufliche Integration die Möglichkeit der persönlichen Gestaltung des Lebens und eine Erweiterung von Erfahrungskompetenzen (vgl. ebd. 2005, S. 3).

2.5 Zusammenfassung

Im März 2005 waren in Deutschland 195.090 Menschen mit Behinderung ohne Arbeit. Im Vergleich zum Jahr 2003 sind dies 30.000 anerkannte schwerbehinderte Menschen mehr (vgl. BAG - UB 09/2005, S. 16). Diese Zahlen machen die Schwierigkeiten von Menschen mit Behinderung auf dem allgemeinen Arbeitsmarkt deutlich und weisen darauf hin, dass sich der deutsche Arbeitsmarkt aus seiner kritischen Situation noch nicht erholt hat. Das Mithalten im internationalen Wettstreit wird als Grund angeführt, um Arbeitsprozesse weiter zu rationalisieren und Erwerbsarbeitsplätze abzubauen. Dies führt im Besonderen zu einer Zunahme der Arbeitslosigkeit von ungelernten oder niedrig qualifizierten Arbeitskräften, da einfach strukturierte Nischenarbeitsplätze weiterhin wegfallen. Menschen mit Behinderung sind davon gleichermaßen betroffen. Auf dem Arbeitsmarkt in Nordrhein-Westfalen ist diese Situation wieder zu finden. Die Menschen, die noch im Arbeitsprozess sind, müssen heute qualifizierter sein und mehr leisten. Sie benötigen genügend Flexibilität und Eigenständigkeit, um sich auf kurzfristige Arbeitsgelegenheiten einzustellen. Da sie dabei die Risiken allein tragen, können Existenzängste entstehen und durch den häufigen Wechsel der Arbeitsorte soziale Bindungen verloren gehen. Arbeitslose Menschen sind dagegen bereits direkt von Armut bedroht. Die im Rahmen der Globalisierung durchgeführte Umstrukturierung des deutschen Sozialstaates führte bisher dazu, dass sich arbeitslose Menschen bereits nach einem Jahr auf einem Sozialhilfeniveau befinden. Es scheint unter diesen Bedingungen fast chancenlos, sich für die Integration von Menschen mit Behinderung einzusetzen.

3 BEHINDERUNG

Wenn es darum geht, sich mit dem Begriff Behinderung auseinander zu setzten, sollten wir zunächst bei uns selbst beginnen. Schließlich betrachten wir täglich Menschen und schätzen sie in ihrem Verhalten ein. Also ist die Zuschreibung einer Behinderung ein Resultat aus einer Beobachtungs- und Einschätzungssituation. In diesem Sinne unterteilen wir Menschen in zwei Gruppen: Die einen sind Menschen mit Behinderung, die anderen sind Menschen ohne Behinderung. Über die vorgenommene Trennung hinaus haben wir aber noch nichts darüber ausgesagt, wie die Menschen mit Behinderung in Wirklichkeit sind! Vielmehr offenbart sich darüber nur unsere Vorgehensweise, wie wir als Beobachter Differenzierungen treffen und Menschen eine Bezeichnung zuschreiben (vgl. OSBAHR 2000, S. 80-84).

3.1 Begriffsbestimmung

Angestoßen durch gedankliche Vorgaben des Arztes P. Wood aus England entwickelte die Weltgesundheitsorganisation (WHO), im Bemühen um eine internationale Definition von Behinderung, 1980 erstmalig ein drei Stufen Konzept für einen einheitlichen Umgang mit dem Begriff Behinderung. Die internationale Klassifikation orientierte sich anfänglich an den Begriffen „Impairment (Schädigung), Disability (Behinderung) und Handycap (Benachteiligung)" (Sozialportal 2006, S. 1). Die drei Anfangsbuchstaben dieser englischen Begriffe bildeten zusammen mit den Buchstaben IC für Internationale Classification, die damalige internationale WHO- Definition für Behinderung „ICIDH" (ebd. S.1).

Da die verwandten Begriffe wie Schädigung, Behinderung oder Benachteiligung negativ besetzt waren, fand eine fortwährende Weiterentwicklung dieser Definition statt. Dabei entstand eine neue Definition und zwar die: „ICF - International Classification of Functioning, Disability and Health" (WHO 2005 S. 4) konnte im Mai 2001 verabschiedet werden. In der deutschsprachigen Fassung lautet die Bezeichnung „Internationale Klassifikation der Funktionsfähigkeit, Behinderung und Gesundheit" (ebd. S.4). Die ICF Klassifikation gilt nicht nur für Menschen mit Behinderungen, sondern für alle Menschen und ist daher universell anwendbar. Mit ihrer Hilfe kann der gesundheitliche Status und die mit Gesundheit verknüpften Zustände in Relation zu jedem gesundheitlichen Problem beschrieben werden. Die ICF klassifiziert nicht Personen, sondern beschreibt den gesundheitlichen Zustand jeder Person mithilfe von Gesundheitsgebieten oder Gebiete, die mit Gesundheit in Verbindung stehen. Gesundheitsgebiete sind z.B. Sehen, Hören, Laufen oder die Fähigkeit zu Lernen. Mit dem Begriff Gesundheit verknüpfte Gebiete sind Lebenshintergründe wie z.B. Erziehung, Bildung, Arbeit und Sozialkontakte. Die Beschreibung eines Gesundheitszustandes erfolgt im Kontext mit Faktoren der Umwelt und auf die Person bezogene Faktoren. Dabei orientiert sich die ICF nicht nur an gesundheitlichen Defiziten, sondern berücksichtigt auch die vorhandenen Ressourcen der Person. Positive und negative Darstellungen der Funktionsfähigkeit können gleichermaßen erarbeitet werden. Bezogen auf eine Definition von Behinderung, begründet die ICF einen formalen Oberbegriff. Dieser bezieht sich auf Beeinträchtigungen der Funktionsfähigkeit im Zusammenhang mit Kontextfaktoren. Der Behinderungsbegriff kann auf jede Funktionseinschränkung des Menschen bezogen werden (ebd. S.4ff) Die ICF gliedert sich in zwei Teile mit je zwei Komponenten:

Teil 1: *„Funktionsfähigkeit und Behinderung*

    a) *Körperfunktionen und –strukturen*

    b) *Aktivitäten und Partizipation/Teilhabe*

Teil 2: *Kontextfaktoren*

    c) *Umweltfaktoren*

    d) *Personenbezogne Faktoren" (ebd. S. 16).*

Dieses Konzept der ICF berücksichtigt nunmehr Funktionsfähigkeit und ist nicht, wie die erste Fassung, nur defizitär ausgelegt. Es werden demnach keine Behinderungen klassifiziert, sondern Bereiche in denen Behinderungen entstehen können beschrieben. Wertvoll ist die ökosystemische Sicht, die in der ICF mit berücksichtigt ist. Der Gesundheitszustand einer Person wird zusammen mit deren Umweltfaktoren gesehen, die eine Teilhabe an verschiedenen Lebensbereichen verhindern. Somit ist nicht mehr allein eine gesundheitliche Beeinträchtigung die Ursache für eine Behinderung. Wesentliche Inhalte der WHO Definition wurden in Deutschland in das Neunte Sozialgesetzbuch (SGB IX) zur Rehabilitation und Teilhabe von Menschen mit Behinderung aufgenommen. Der Behinderungsbegriff des ICF bleibt jedoch weit umfassender als der im SGB IX. Dort werden Menschen mit Behinderungen wie folgt definiert: *„Menschen sind behindert, wenn ihre körperliche Funktion, geistige Fähigkeit oder seelische Gesundheit mit hoher Wahrscheinlichkeit länger als sechs Monate von dem für das Lebensalter typischen Zustand abweichen und daher ihre Teilhabe am Leben in der Gesellschaft beeinträchtigt ist. Sie sind von Behinderung bedroht, wenn die Beeinträchtigung zu erwarten ist"* (§ 2 Abs.1 SGB IX).

Für SPECK ist der Begriff Behinderung keine wissenschaftlich taugliche Bezeichnung, da er sich zu wenig von der einer Nichtbehinderung unterscheidet und als negativ besetzter Begriff für eine Abweichung stigmatisierend wirkt. Somit wird die Bedeutung des Begriffs oftmals von dem beeinflusst, der ihn zur Definition benutzt. Trotzdem hält SPECK an dem

Begriff Behinderung fest, weil er sich umgangssprachlich durchgesetzt hat. (vgl. EBERWEIN 2001, S. 18).

3.2 Systemisch - konstruktivistische Sicht von Behinderung

„Der Behinderungsbegriff bildet nach dem Erklärungsweg der Konstruktion nicht objektiv Gegebenes ab und stellt nicht fest, was das Beobachtete ist, sondern macht eine Aussage über die Konstruktion der Beobachtung" (PALMOWSKI u. a. 2002, S. 166).

Konstruktivistische Theorien sehen den Kontakt zwischen dem Menschen und seiner ihn umgebenen Welt als einen Prozess an, welcher aktiv vom Menschen gestaltet wird. Beschreibungen der Wirklichkeit sind demnach als Konstruktionen zu sehen, da sie subjektiv, kulturbezogen und gesellschaftlich geprägt sind. Durch Beobachtungs- und Wahrnehmungsprozesse, sowie Reflexions- und Handlungsprozesse werden Unterscheidungen gemacht. Der Betrachter konzentriert sich auf etwas und unterscheidet es von der Umgebung. Er berücksichtigt dabei jenes weniger, welches er von seiner Betrachtung unterschieden hat. Beschreibt er anschließend seine Beobachtungen und Unterscheidungen, so sind dies keine objektiven Aussagen über Vorhandenes, sondern Konstruktionen einer Beobachtung. (vgl. WALTHES 1997, S. 90). Aus diesem Blickwinkel wird Behinderung innerhalb sozialer Bedingungen als eine Konstruktion angesehen. Die Aussage, dass eine Person behindert ist beschreibt daher nicht die Person selbst und bildet auch keine Eigenschaft der Person ab. Sie gibt vielmehr Auskunft darüber, wie der Betrachter Beobachtungen macht und Klassifizierungen vornimmt und wie er diese ins Verhältnis zu sozialen und ökonomischen Bedingungen setzt. Behinderung ist daher als ein Prozess anzusehen, welcher sich in Beziehungen und in sozialen Zusammenhängen äußert. Behinderung kann nicht als feste Einheit verstanden werden, sondern verändert sich und entsteht in unterschiedlichen Situationen immer wieder von neuem. Die Andersartigkeit einer Person ist nicht das Problem, sondern vielmehr wie mit dieser umgegangen wird. Der Begriff Behinderung muss daher auf den Umgang mit Unterschiedlichkeiten bezogen werden, welche sich nachteilig für die betroffene Person auswirken (vgl. WALTHES 1997, S. 91). Fachleute müssen demzufolge in der Kommunikation mit Eltern eines behinderten Kindes beachten, dass sie Behinderung nicht als ein statisches Defizit beschreiben was sich unausweichlich negativ auf Entwicklungsprozesse auswirkt. Eine selbst erfüllende Prophezeiung könnte die Folge sein, da den Eltern damit der Glaube an die Entwicklungsfähigkeit ihres Kindes genommen wird. Kindern mit Behinderung kann Entwicklungsfähigkeit aber nicht abgesprochen werden. Für sie ist das Leben mit der Behinderung nichts Ungewöhnliches. Die Behinderung wird von ihnen als ein Aspekt unter vielen wahrgenommen, den sie bei ihrer Lebensplanung berücksichtigen müssen (vgl. WALTHES 1997, S. 94ff).

Es ist daher unumgänglich, dass sich im Zuge der Dekonstruktion des Behinderungsbegriffes auch ein neues Menschenbild entwickeln muss. Für die systemische Wechselbeziehung und Kommunikation zwischen dem professionellen Helfern und dem Menschen mit Behinderung wird es notwendig, die Ursprünge des eigenen Handelns aufzuspüren und bewusst zu reflektieren. In der praktischen Arbeit bestünde ansonsten die Gefahr, dass das ehemals defektorientierte und medizinisch - sozialpolitisch geprägte Menschenbild des Menschen mit Behinderung, weiterhin unbewusst mittels unreflektierter Alltagstheorien wirken kann. Anthropologisch ausgerichtet müsste zunächst die Frage geklärt werden: Welche Bedeutung sehen wir in dem Begriff Behinderung für das Menschsein (vgl. HAEBERLIN 1998, S. 18ff)?

Unreflektierte Alltagstheorien haben in der Vergangenheit Deutschlands zu massiven Maßnahmen gegenüber Menschen mit Behinderung geführt. Die Heilpädagogische Anthropologie beschäftigt sich daher ebenfalls mit Ideologiekritik und setzt sich kritisch mit gedanklichen, handlungsbezogenen und wertenden Menschenbildern auseinander, die uns von der Gesellschaft vorgegeben werden (vgl. HAEBELIN 2002, S.20).

3.3 Zum Begriff der geistigen Behinderung

„Geist lässt sich eigentlich nicht behindern" (SPECK, zit. n. OSBAHR 2000, S. 97).
Der Begriff geistige Behinderung ist erst ca. 40 Jahre alt. Dieser scheint weniger von Fachleuten als von Eltern geformt worden zu sein. Früher schien es viel klarer zu sein, was eine geistige Behinderung ist als heute. Im Zusammenhang mit einhergehender Stigmatisierung, wurde in den letzten Jahren über diesen Begriff viel diskutiert. Ausgehend vom Zugeständnis, dass wir alle verschieden und nicht ganz vollkommen sind, ist der frühere Begriff der geistigen Behinderung undeutlicher geworden. Im Wandel der Zeit kann feststellt werden, dass der Begriff geistige Behinderung in sozialer Hinsicht vielmehr als Deutungsmuster genutzt wurde und weniger als Fachbegriff. Vor hundert Jahren wurden Menschen mit einer geistigen Behinderung als Blöd- oder Schwachsinnige bezeichnet.
Die psychiatrische Medizin bildete später den Oberbegriff Oligophrenie[2] mit der Klassifizierung in den Stufen: debil - für einen leichteren Grad, imbezil - für einen mittleren Grad

---

[2] Griechisch – *„phren Geist, Gemüt für angeborener Schwachsinn."* (PSCHYREMBEL 1982, S. 853).

und idiotisch für den höchsten Grad der Schwachsinnigkeit. Diese Klassifizierung gilt heute als überholt, wird aber teilweise noch verwandt. Dabei orientierte man sich an den Defiziten der beschriebenen Menschen und klassifizierte sie danach. Geistig behinderte Menschen sah man somit als eine homogene Gruppe defizitärer Menschen an. Diese defizitäre Sichtweise geht davon aus, dass fehlende oder auffällige Verhaltensäußerungen ursächlich auf die in der Person befindliche geistige Behinderung zurückgeführt werden können. Dies stellt jedoch eine verallgemeinerte Sichtweise dar, welche sich so nicht wissenschaftlich belegen lässt und vielmehr zu Prophezeiungen führt, die sich am Ende selbst erfüllen. In Folge dieser Bezeichnung passiert es, dass das Individuum mit seinen Defiziten gleichgesetzt wird, wir ihn dadurch etikettieren und unsere Aufmerksamkeit für ihn reduzieren. Der Aussonderungsprozess ist damit vollzogen. (vgl. OSBAHR 2000, S.79 ff)

Als Mitbegründer der deutschen Sonderpädagogik nach dem 2. Weltkrieg, verdeutlicht OTTO SPECK, dass bezogen auf den Begriff geistige Behinderung *„von einem bündig klaren Begriff, dessen Inhalt sich überprüfen (operationalisieren) lässt, (…) keine Rede sein (kann)"* (SPECK 1990, S. 97). SPECK fragt provokant, ob eine Definition von geistiger Behinderung überhaupt notwendig ist? Denn damit vollziehen sich immer gesellschaftliche Abwertungen, da sich durch den Gebrauch dieser Definition endgültig auf etwas festlegt wird. Deshalb ist es durchaus verständlich, dass sich beim Begriff der geistigen Behinderung Besonnenheit, Abstand und Bedenken einstellen. Schließlich ist die implizierte Abwertung in diesem Begriff nicht aufhebbar. Kritiker von Definitionen führen an, dass Definitionen auch stets etikettieren, wie z.B. durch die bekannten historischen Begriffe Blöd- oder Schwachsinn, welche wegen ihrer negativen Bedeutungen ausgetauscht wurden (vgl. ebd.1990 S. 41ff). SPECK vertritt vielmehr einen anthropologischen Ansatz in dem er feststellt, dass der Mensch ganzheitlich aus Körper und Geist besteht und seine Würde, wie er selbst auch, nicht teilbar ist. Im Rahmen der Humanität bleiben daher Menschen mit geistiger Behinderung wie alle anderen zuerst einmal Menschen! Der Begriff geistige Behinderung lässt sich nicht nur aus der philosophisch-anthropologischer Richtung heraus, sondern auch aus einer wissenschaftlichen Sichtweise betrachten. Im wissenschaftlichen Bereich besteht jedoch das Erklärungsproblem darin, dass Aussagen über den Menschen mit einer geistigen Behinderung nur primär gemacht werden können, da dieser die Resultate seiner inneren Eigenreflexion anderen nicht mitteilen kann, obwohl er grundsätzlich zur Selbstreflexion in der Lage ist. Der Mensch mit einer geistigen Behinderung wird somit zum bloßen Erklärungsobjekt. Denn den wissenschaftlichen Beobachtern bleiben zweierlei Bereiche vorbehalten: Zum einen der innere Einblick in den Menschen mit geistiger Behinderung und zum anderen die Erfahrung als Persönlichkeit mit einer geistigen Behinderung. Die Wissenschaft kann aber nur mithilfe des untersuchten Subjekts und seiner Einsichten eine Aussage über ein Objekt treffen. Deshalb sind alle Äußerungen von nicht geistig behinderten Personen, über Menschen mit einer geistigen Behinderung Aussagen, die nur unter einem gewissen skeptischen Vorbehalt gesehen werden können (vgl. ebd. 1990, S. 41ff).

3.4 Zum Begriff der Lernbehinderung

Bezogen auf Schüler mit Lernproblemen hat sich seit Mitte der 1990er Jahre ein neuer Standpunkt herausdifferenziert. Die medizinisch orientierte Sichtweise, welche sich an den Defiziten der Schüler orientierte, wurde aufgegeben. Sie trug in der Vergangenheit deutlich dazu bei, dass zwischen Kindern mit und ohne Lernschwierigkeiten defizitorientierte Unterschiede gemacht wurden und stützte damit den Erhalt und Ausbau eines spezifischen Sonderschulsystems. Lernbehinderung ist vielmehr ein Begriff der Schulverwaltung geworden, womit Schüler in die für sie scheinbar zutreffende Schule überwiesen wurden. Fest steht, dass die Bezeichnung lernbehindert, kein Persönlichkeitsmerkmal von Schülern beschreibt. Diese Kinder sind vielmehr von außen in ihrem Lernen behindert worden. Meist geschieht dieses durch die familiäre Situation oder die sozialen Lebensbedingungen der Schüler. Die PISA- Studie[3] hat auch bestätigt, dass die Verbindung zwischen sozialer Abstammung und Erfolg in der Schule in keinem anderen Land so nah liegt wie in Deutschland. Dem deutschen Bildungssystem kann damit unterstellt werden, dass es nicht genügend auf Kinder aus randständigen Familien eingeht und diese nicht angemessen fördern kann. Nach dem aktuellen Forschungsstand haben Lernprobleme eine soziale, eine geschlechtsspezifische und eine kulturelle Dimension. Gemeint sind damit z.B. sozial benachteiligte Jungen und Mädchen sowie verhaltensauffällige lernschwache Jungen und benachteiligte ausländische Schüler (vgl. MAND 2003, S. 21ff).

Förderschüler kommen zum größten Teil aus Lebens- und Erziehungszusammenhängen, in denen sie in ihrer frühkindlichen Entwicklung als Kleinkind beeinträchtigt wurden. Ebenso wachsend ist der Anteil ausländischer Kinder und Jugendlicher an den Förderschulen (vgl. WERNING / LÜTJE-KLOSE 2003, S. 50). Die betroffenen Personen wurden früher als Hilfsschüler oder Lernbehinderte bezeichnete. Heute spricht man von Kindern und Jugendlichen mit einem sonderpädagogischen Förderbedarf im Lernen oder von lernbeeinträchtigten Kindern. Aber alle Bezeichnungen sind unpräzise und wissenschaftlich wenig aussagekräftig. Bis zum heutigen Tage gibt es bezogen auf Lernbehinderung keine all-

---

[3] PISA steht für *„Programme for International Student Assessment"*(STANAT / ARTEL / BAUMERT 2000: S.1).

gemeingültige Theorie. Die genannten Bezeichnungen treffen weder auf eine klar definierte Gruppe von Kindern und Jugendlichen zu, noch auf ein spezifisches Symptom oder ein Symptomenkomplex. Eine übergeordnete Definition gelingt nicht, da sich Lernschwierigkeiten sehr unterschiedlich äußern können. Im Rahmen der Schulzeit führen sie oft zum Schulversagen. Hier kann kritisch hinterfragt werden, ob die Schule oder der Schüler versagt hat. Hinzu kommt, dass Lernprozesse so vielfältig sind, dass dieser Vorgang des Lernens nur oberflächlich definiert werden kann (vgl. WERNING / LÜTJE-KLOSE 2003, S. 16f). Wissenschaftliche Untersuchungen machen deutlich, dass *„es keine globale Lernfähigkeit des Menschen und damit umgekehrt keinen globalen Mangel an Lernfähigkeit im Sinne einer generellen Lernbehinderung (gibt)"*. Es ist *„vorwiegend von aufgabenspezifischen Schwierigkeiten auszugehen (...), die sich in bestimmten Bereichen allerdings häufen können"* (KANTER, zit. n. WERNING / LÜTJE-KLOSE 2003, S. 17).

EBERWEIN sieht Lernbehinderung aus einer ökosystemischen Sichtweise heraus unter der deutlicher wird, *„dass Lernbehinderung keine Persönlichkeitseigenschaft ist, sondern ein relationales Phänomen, das nur in Bezug zu den Anforderungen der Schule, den Leistungserwartungen und dem Beurteilungsverhalten der Lehrer, ihren Lernarrangements und Toleranzgrenzen richtig interpretiert werden kann"* (EBERWEIN, zit. n. GRINNOLD 2000, S. 35).

BEGEMANN spricht von einer *„administrativen Setzung"* (BEGEMANN, zit. n. WERNING / LÜTJE-KLOSE 2003, S. 18) und meint, dass mit dieser Bezeichnung eine Schülergruppe gekennzeichnet wird, um sie damit begründet an eine Förderschule zu verweisen. Der Begriff Lernbehinderung ist somit kein wissenschaftlicher Begriff. Er ist unnötig, wenn es um die Entwicklungsförderung von bestimmten Kindern und Jugendlichen geht, da sich aus ihm heraus keine Richtlinien für eine sonderpädagogische Unterstützung ergeben. Zu diesem Zweck sind vielmehr konkrete personenspezifische Darstellungen notwendig.

Die internationale Klassifikation der Krankheiten und Gesundheitsprobleme (ICD 10)[4] unterteilt Lernbeeinträchtigungen in zwei Kategorien: Sie unterscheidet zwischen Minderung der Intelligenz (ICD F70-79) und Störungen der Entwicklung (ICD F80-F89). Eine Minderung der Intelligenz ist innerhalb des IQ- Bereiches zwischen 50-69 zu diagnostizieren. Störungen der Entwicklung beschreiben Teilleistungsstörungen. Dazu zählen u. a. die Le-

---

[4] Die ICD 10 ermöglicht einen international einheitlichen Austausch über Krankheiten. Sie ergänzt die ICF. Die ICF findet nur Anwendung wenn im ursächlichen Sinne eine Krankheit oder eine gesundheitliche Störung nach der ICD 10 vorliegt (vgl. SCHUNTERMANN 2005, S. 11f).

se-, Rechtschreib- und Rechenstörung. Sie enthalten außerdem eine allgemeine Katego-
rie für stärkere Beeinträchtigungen schulischer Fähigkeiten. Darin werden umfangreichere
Defizite im Rechnen, Lesen und Schreiben beschrieben (ICD F 81.3) (vgl. WERNING /
LÜTJE-KLOSE 2003, S. 19).

Die Sonderpädagogik geht jedoch seit einigen Jahren allmählich davon ab, schulisches
Versagen vom Individuum ausgehend zu definieren, da auch Umweltbedingungen bei
Lernschwierigkeiten ihre Berücksichtigung finden müssen. Mit den Empfehlungen der Kul-
tusministerkonferenz für die Sonderpädagogik an deutschen Schulen 1994, wurden ter-
minologische Veränderungen vorgegeben. Der Begriff Lernbehinderung wurde durch den
Begriff *„Beeinträchtigung im (schulischen) Lernen"* (WERNING / LÜTJE-KLOSE 2003, S.
19) ersetzt und innerhalb der Empfehlungen der Kultusministerkonferenz mit dem
Schwerpunkt der Förderung im Bereich Lernen vom 01.09.1999 ausgeführt. Diese neue
Bezeichnung steht in keinem direkten Zusammenhang mit einer entsprechenden Schul-
form. Damit ist eine sonderpädagogische Förderung nicht mehr an eine Förderschule,
bzw. Sonderschule geknüpft. Vielmehr kann somit ein gemeinsames Lernen aller Schüler
umgesetzt werden, egal ob sie einen besonderen Förderbedarf haben oder nicht (vgl.
ebd. S. 18f).

DOOSE und das Netzwerk People - First Deutschland e.V. konzipierten für Menschen mit
einer Lernbehinderung, sowie für Menschen mit einer geistigen Behinderung den Sam-
melbegriff „Menschen mit Lernschwierigkeiten" (DOOSE, zit. n. GRINNOLD 2000, S. 35).
Der allgemein gehaltene Begriff kann zumindest die abwertende Bezeichnung der geistigen Behinderung ersetzen. Für viele geht dieser Begriff jedoch noch nicht weit genug, da
er sich immer noch an Defiziten ausrichtet (vgl. GRINNOLD 2000, S. 35).

3.5 Zusammenfassung

Zusammenfassend kann gesagt werden, dass für die Begriffe Behinderung, Lernbehinderung und geistige Behinderung viele unterschiedliche Definitionsversuche existieren,
es jedoch keine eindeutige und einheitliche Definition gibt. Zurzeit setzt sich ein notwendig
gewordener Paradigmenwechsel weiter durch. Danach werden Begrifflichkeiten verändert, um ihre bisherige negative Bedeutung abzuschwächen oder vollständig aufzuheben.
Der Begriff Menschen mit Lernschwierigkeiten wird aus diesem Grund im vorliegenden
Buch als Versuch für eine Bezeichnung von Menschen mit Lern- und Menschen mit geistiger Behinderung verwendet. Die Integration von Menschen mit Behinderung ist eine
wichtige gesamtgesellschaftliche Aufgabe. Deshalb darf eine Behinderung keinen Men-

chen aus der Gesellschaft ausgrenzen, denn sie ist nur ein Teil von ihm und stellt nicht seine gesamte Persönlichkeit dar.

4 INTEGRATION

„Integration fängt in den Köpfen an – in unseren" (FEUSER, zit. n. GRINNOLD 2000,S. 11). Gesellschaftliche Zugehörigkeit wird mittels Übereinstimmungen innerhalb der vorherrschenden kulturellen und sozialen Regelungen hergestellt. Gesellschaftliche Minderheiten werden durch Menschen gebildet, welche den allgemeinen Werten und Normen nicht nachkommen können oder nicht wollen. Ihnen wird eine Zugehörigkeit abgesprochen. Sie befinden sich somit an Randbereichen der Gesellschaft. Dieses ausgrenzende Verhalten ist tief im Menschen verankert. Funktionell gesehen verleiht es der eigenen Gruppe soziale Stabilität und dem Einzelnen ein Gefühl von Zugehörigkeit. Die Ausgrenzung anderer Personengruppen wird zur Abwehr von Bedrohungen für die eigene Gruppe eingesetzt. Obwohl unsere Gesellschaft modern und hoch zivilisiert ist, gibt es diese Ausgrenzungen u. a. in Form von Alten- und Pflegeheimen, Sonderschulen und Ausländerstadtteilen noch immer (vgl. RÜLCKER 2001, S. 64).

Integration wird somit aktuell im Zusammenhang mit den unterschiedlichsten gesellschaftlichen und politischen Problemlagen gefordert. Es ist ein moderner und häufig verwandter Begriff, welcher gerade dort, wo das soziale Zusammenleben und Zusammenwachsen verschiedener Bevölkerungsgruppen nicht gelingen will, als die universelle Lösung propagiert wird. Jedoch wird darunter vielfach nur die Anpassung einer Gruppierung an die Gesamtgesellschaft verstanden. Integration kann aber nur gelingen, wenn beide Seiten mit der echten Absicht zum Austausch und zur Kooperation aufeinander zugehen. So verstanden birgt Integration auch Chancen für Menschen mit Lernschwierigkeiten. Über eine Integration in die Arbeits- und Berufswelt kann ihnen eine gesellschaftliche Teilhabe ermöglicht werden, welche im Sinne von mehr Selbstbestimmtheit und Selbstständigkeit ihre gesamte Persönlichkeitsentwicklung positiv beeinflussen kann.

4.1 Die Definition des Begriffs Integration

Für den Begriff Integration lassen sich unterschiedlichste Definitionen aus vielfältigen Bereichen finden. Eine einheitliche Bestimmung dieses Begriffs gibt es nicht. Das Fachlexikon der sozialen Arbeit definiert den Begriff Integration wie folgt: *„Neben einer alltagssprachlichen und sehr allgemeinen Bedeutung als Herstellung bzw. Wiederherstellung eines Ganzen aus bestimmten Elementen oder der Eingliederung der Elemente in ein Ganzes ist Integration im engeren Sinne als soziologietheoretischer, sozialpolitischer und politischer Begriff zu verstehen"* (HECKMANN 1986, S. 434f).
Integration als *„soziologietheoretischer Begriff"* (ebd. S. 434f) bezieht sich auf das Funktionieren von sozialen Systemen. Integration wird dort als Voraussetzung für das Funktio-

nieren und Überdauern sozialer Systeme angesehen. In diesem Sinne beschreibt Integration die Anpassung von Individuen im Kontakt zu Gruppen oder eine Anpassung zwischen Gruppen in ihren Wertvorstellungen und ihren Handlungsabläufen. Im Anschluss daran werden Übereinstimmungen durch gemeinsame Vorgaben, z.B. erwartetes Rollenverhalten oder durch Institutionen, wie zum Beispiel Schule, verfestigt und stabilisiert.

Integration als *„politischer Begriff"* (ebd. S. 434f) bezieht sich auf Prozesse und Strukturen innerhalb der Gesellschaft und zwischen gesellschaftlichen Gruppen. Die innergesellschaftliche Bedeutung von Integration kann aber allgemein auf soziale Gruppen übertragen werden und auf ihr Verhältnis zur gesamten Gesellschaft. Historisch gesehen zielt der innergesellschaftliche Integrationsbegriff auf die gesellschaftliche Lage der Arbeiterschaft ab, welche durch die Einrichtung von Gewerkschaften ihre Verhältnisse im Sinne eines Abrückens von der Unterdrückung hin zu einem partnerschaftlichen Umgang verbessern konnte. Der zwischengesellschaftliche Begriff meint den Prozess der Aufhebung von nationalen Begrenzungen im Sinne eines Prozesses der Internationalisierung und damit einhergehender Vernetzung und Vereinigung der verschiedenen Nationen. Ein Beispiel hierfür stellt u. an. die Entwicklung der Europäischen Union dar, sowie übergeordnet die Entwicklung zur Weltgesellschaft.

Integration als ein *„sozialpolitischer Begriff"* (ebd. S. 434f), bezieht sich auf die gesellschaftliche Eingliederung benachteiligter oder von Diskriminierung betroffener Randgruppen: Menschen mit Behinderung, ausländische Mitbürger, ältere Menschen, Strafentlassene usw. Die Integration bezieht sich auf die Teilhabe am Arbeitsleben und auf die Teilhabe am gesellschaftlichen Leben, wie z.B. im Freizeitbereich. Die vorliegende Arbeit zielt verstärkt auf das Verständnis von Integration im Sinne des sozialpolitischen Begriffs ab. Menschen mit Lernschwierigkeiten soll der gleichberechtigte Zugang zur gesellschaftlichen Teilhabe ermöglicht werden. *„Ziel (…) ist es deshalb, Menschen mit Behinderungen erst gar nicht auszusondern. Integration in allen Lebensbereichen stellt den Weg dar, dieses Ziel zu erreichen"* (GRINNOLD 2000, S. 52).

4.2 Kritische Anmerkung zur Integration

Grundsätzlich betrachtet darf Integration nicht im Sinne der Anpassung einer Minderheit an die gesellschaftlichen Vorgaben einer Mehrheit verstanden werden, an dessen Ende eine völlige Übereinstimmung steht. Anpassungsleistungen müssen von beiden Seiten aus erbracht und nicht nur von einer Minderheit verlangt werden. Beide Seiten müssen sich in einem Prozess des Umdenkens, in Richtung Akzeptanz und Respekt, um ein gesellschaftliches Miteinander bemühen. Die Soziale Arbeit beschäftigt sich überwiegend mit Menschen, die sich am Rande der Gesellschaft befinden. Sie begleitet diese mit dem Ziel der gesellschaftlichen Integration. Dabei muss sie das Individuum u. a. unterstützen, versäumte Anpassungsleistungen nachzuholen und zielt pädagogisch darauf ab, das Individuum in die Lage zu versetzen, aus sich selbst das Beste zu machen.

Die Soziale Arbeit definiert Anpassung für sich wie folgt: *„Anpassung ist nur dann pädagogisch 'richtig', wenn sie so verläuft, dass dem Sich - Anpassenden die Kritik an dem Vorgang und seinem Ergebnis immer noch möglich ist. Das Gegenbild böte z.B. eine in verfestigten Vorurteilen verlaufende und endigende Erziehung, die – was im Begriffe des Vorurteils liegt – es ausschlösse, dass der Erzogene imstande ist, sich neuen Konstellationen anzupassen"* (MOLLENHAUER 1993, S. 74).

Die Selbsthilfegruppen der Menschen mit Behinderung richten sich nicht nur gegen eine gesellschaftliche Etikettierung und Benachteiligung, sondern auch gegen die Interessenvertretung durch pädagogisch geschulte Berufsgruppen. Für den Menschen mit Behinderung führt diese Unterstützung oftmals zur Unfreiheit in der Gestaltung eines selbst bestimmten Lebens und verhindert die Entwicklung von Persönlichkeit und Identität. Demnach muss sich jede Unterstützungsform kritisch mit der Frage auseinandersetzten, ob sie nicht nur der Durchsetzung eigener Interessen dient. Fragen zur Legitimation einer Sonderpädagogik treten in diesem Zusammenhang auf, da diese sich über den Behinderungsbegriff, d.h. über die Notwendigkeit spezifischer therapeutischer Fördermaßnahmen definiert. Somit muss sie sich fragen, ob sie durch die Zuordnung von Personen zum Personenkreis mit Behinderung und die damit verbundene Aussonderung nicht erst selbst Behinderung konstruiert. Im Zusammenhang mit der zunehmenden Selbstbestimmung von Menschen mit Behinderung, ist diese defektorientierte Auffassung nicht mehr haltbar. Zusätzlich wirkt sich der Wandel unserer Gesellschaft aus, welcher eine durchschnittliche gesellschaftliche Norm immer weiter aufhebt und die menschliche Vielfalt zur Normalität werden lässt. Dazu kommen die Ergebnisse einer erfolgreichen Förderung von Kindern mit Behinderung in allgemeinen Schulformen. Gesellschaftliche Integration kann nicht durch schulisches Aussondern erzielt werden! Zum gemeinsamen Lernen von nicht behinderten Kindern und Kindern mit Behinderung sollten zukünftig Integrationsschulen ausgebaut werden. Die Sonderpädagogik muss die Verschiedenheit der Menschen anerkennen und ihr den gebotenen Respekt zollen. Dies bedeutet, den anderen Menschen als eine andere, bzw. fremde Person anzuerkennen, ohne ihn abzuwerten oder ihn angleichen zu wollen. Integration darf nicht bedeuten, dass Fremdartige durch Elemente der Erziehung anzugleichen und den Unterschied damit aufzuheben. Integration bedeutet, gemeinsam zu leben und die Unterschiedlichkeiten, die Vielfältigkeit, sowie Übereinstimmungen aber auch Fremdartigkeit vollkommen anzuerkennen (vgl. EBERWEIN 2001, S. 17ff).

4.3 Soziale Eingliederung von Menschen mit Lernschwierigkeiten

Eingliederung und Integration sind Begriffe, die im allgemeinen Sprachgebrauch oftmals auch in gleichen Zusammenhängen verwandt werden. Bei der Integration geht es verstärkt, um das Verhältnis zwischen einer Minorität zur Majorität. Ziel der Integrationsbemühungen ist unter anderem, die Verbesserung eines kooperativen gesellschaftlichen Zusammenlebens und das Erreichen einer toleranten und gewaltfreien Grundhaltung zueinander. Soziale Eingliederung bezieht sich allgemein auf das Auffinden und Gestalten von Verknüpfungen zwischen individuellen Personen und ihrer sozialen Umgebung. Bezogen auf Menschen mit Lernschwierigkeiten geht es hierbei konkret um die Eingliederung von Personen in soziale Teilsysteme, wie z. B.: Familie, Kindergartengruppe, Schulklasse, Wohngruppe, Arbeitsabteilung, Freizeitgruppe. Folgende Ziele werden damit verfolgt: Erweiterung von persönlichen Fähigkeiten, Verbesserung des gesellschaftlichen Stellenwertes, Eingliederung in Rollenkonstruktionen, Abbau von sozialen Hemmnissen, Eingliederung in soziale Zusammenhänge, Entwicklung einer sozialen Identität, Reduzierung von Konflikten, bewusstes Einnehmen von sozialer Anpassung und sozialer Distanz, Abwendung oder Reduzierung von sozialer Isolation. Die soziale Eingliederung ist von einer Wechselbeziehung zwischen dem Menschen mit Lernschwierigkeiten und seiner sozialen Umwelt abhängig. In diesem Verhältnis hat sich nicht allein der Mensch mit Behinderung anzupassen! Im Sinne des Normalisierungsprinzips, bzw. der gleichberechtigten Teilhabe am Leben in der Gesellschaft, müssen ebenfalls die allgemeinen Gesellschaftsnormen an die Bedingungen von Menschen mit Lernschwierigkeiten angepasst werden (vgl. SPECK 1990, S. 171f).

Bei Menschen mit Behinderung und bei denen, welche von Behinderung bedroht sind, spricht man im Sinne der sozialen Eingliederung von Rehabilitation. Das Ziel aller medizinischen, schulischen und beruflichen Rehabilitationsbemühungen ist die gesellschaftliche Eingliederung (vgl. WEICHLEIN 1986, S.763f). Die Integrationspädagogik kritisiert jedoch die Begriffe Eingliederung und Wiedereingliederung und sieht darin versteckte Anteile die darauf abzielen, Menschen mit Behinderungen doch wieder nur an die bestehenden Bedingungen anzupassen. Eine Eingliederung oder Wiedereingliederung impliziert, dass zuvor eine Ausgliederung stattgefunden hat. Die gesellschaftliche Eingliederung soll durch

Rehabilitation in speziellen abgegrenzten Einrichtungen passieren. Eine soziale Integration kann nicht durch aussondernde Vorgehensweisen erreicht werden. So gesehen dürfen Aussonderungen erst gar nicht passieren (vgl. GRINNOLD 2000, S. 51f).

Die Soziale Arbeit begleitet und unterstützt Menschen mit Behinderung bei ihrer sozialen Eingliederung. Sie versucht einerseits, den einzelnen Menschen mit Lernschwierigkeiten auf seinem individuellen Weg zu unterstützen. Anderseits erkennt sie in diesem Prozess allgemeine strukturelle Barrieren, welche sie beschreibt und damit auf notwendige Veränderungen hinweist.

4.4 Zusammenfassung

„Wer sich auf Andersartigkeit nicht einlässt, wird eigenartig" (PALMOWSKI u. a. 2002, S. 21). Nicht nur die Politik ist aufgerufen, etwas für die Integration zu tun. Integration richtet sich vielmehr an jeden Einzelnen in unserer Gesellschaft, der dazu aufgefordert wird, in diesem Zusammenhang seine inneren Einstellungen zu überprüfen. Integration darf nicht Anpassung bedeuten, sondern muss das Recht anders sein zu dürfen mit einschließen! Bei der Integration von Menschen mit Lernschwierigkeiten darf es nicht darum gehen sie so anzupassen, dass sie der allgemeinen Norm entsprechen. Es geht vielmehr darum, sie in ihrer Andersartigkeit zu akzeptieren und im gemeinschaftlichen Lebenszusammenhang ein Miteinander statt ein Gegeneinander oder Nebeneinander zu erreichen.

5 DIE BERUFLICHE LAGE VON MENSCHEN MIT LERNSCHWIERIGKEITEN

Aufgrund der sich verschärfenden Bedingungen am allgemeinen Arbeitsmarkt haben es Menschen mit Lernschwierigkeiten aktuell besonders schwer, einen Zugang ins Berufsleben zu erhalten. Im Allgemeinen zeigt die hohe Zahl von arbeitslosen Menschen mit Behinderung, dass eine Beschäftigung auf dem allgemeinen Arbeitsmarkt für sie teilweise versperrt ist. Bei der Suche nach einem Arbeitsplatz treffen sie oftmals auf diskriminierende Ungleichbehandlung. Aufgrund arbeitsmarktpolitischer Maßnahmen konnte von Oktober 1999 bis Oktober 2002 bundesweit die Arbeitslosigkeit schwerbehinderter[5] Menschen von 17,7% auf 14,2% abgebaut werden. Nach Beendigung dieser besonderen Anstrengungen stieg die Arbeitslosigkeit dieser Personengruppe bis April 2003 wieder auf 17% an. Die gleiche Entwicklung lässt sich in Nordrhein - Westfalen feststellen. Im Juli 2003 waren rund 18% der schwerbehinderten Erwerbspersonen ohne Arbeit. Die Arbeitslosigkeit schwerbehinderter Menschen ist im Jahr 2004 bundesweit weiter gestiegen (vgl. EUROPA - EQUAL 2005, S. 1). Im März 2005 ist die Zahl der arbeitslosen schwerbehinderten Menschen bei rekordträchtigen 195.090 angelangt. Dagegen gab es im Jahr 2003 in Deutschland noch 30.000 arbeitslose schwerbehinderte Menschen weniger (vgl. BAG UB 2005, S. 16

Nähere Informationen zur Zusammensetzung der Gruppe behinderter Menschen bietet das Statistische Bundesamt. Laut der derzeitig aktuellsten statistischen Bevölkerungsabfrage, dem Mikrozensus aus dem Jahr 2003[6], lebten im Mai 8,4 Millionen Menschen mit Behinderung in Deutschland. Dies bedeutet, dass jeder zehnte Einwohner in Deutschland zu diesem Zeitpunkt von einer Behinderung betroffen war. Die Zahl der Menschen mit Behinderung nahm gegenüber 1999 um 3% zu. Ausgehend von der Gesamtzahl waren 6,7 anerkannt schwerbehindert und 1,7 Millionen Menschen leicht behindert. Zu 54% setzte sich diese Gruppe aus Männern zusammen und zu 72% aus Personen, welche 55 Jahre und älter waren. 6,3 Millionen davon standen nicht im Erwerbsleben! Menschen mit Behinderung waren, im Vergleich zur Gruppe der nicht behinderten Menschen häufiger erwerbslos. Die Erwerbslosenquote bei den Menschen mit Behinderung lag bei 16,5%, die der nicht behinderten Menschen bei 10,9%. Zu den Erwerbspersonen wurden 2,2 Millionen behinderte Menschen gezählt, welche mindestens 15 Jahre alt und erwerbstätig

---

[5] Schwerbehindert ist, wer in Deutschland wohnt und nach einem Feststellungsverfahren durch die Versorgungsämter einen Grad der Behinderung von mindestens 50 besitzt (vgl. §2 SGB IX).
[6] Größte Befragung privater Haushalte in Europa zur Erhebung der sozialen und wirtschaftlichen Lage der Bevölkerung. Am Mikrozensor 2005 wird zurzeit noch gearbeitet.

waren oder eine Erwerbstätigkeit suchten. Die Erwerbsquote[7] belief sich im Mai 2003 auf 30% bei den behinderten Männern und auf 21% bei den behinderten Frauen. Die Erwerbsquote der Nichtbehinderten lag hier deutlich höher, und zwar bei 71% bei den Männer und 53% bei den Frauen. Die Diskrepanz in den Erwerbsquoten zwischen Menschen mit und ohne Behinderung lässt sich teilweise daraus erklären, dass bei den Menschen mit Behinderung ein altershöherer Anteil vertreten war. Aber auch der Vergleich nach Altersgruppen macht sehr deutlich, dass die Beteiligung am Erwerbsleben, in der Altersgruppe ab dem 25. Lebensjahr, bei Menschen mit einer Behinderung deutlich unter der von Nichtbehinderten lag. Dies gilt gleichermaßen für Männer wie für Frauen. Die höchste Beteiligung behinderter Menschen am Erwerb wurde in der Altersgruppe zwischen 25 bis unter 45 Jahren verzeichnet. Bei den höheren Altersgruppen nahm die Erwerbsquote wieder deutlich ab (vgl. PFAFF 10/2004).

Im Mai 2003 gab es 1,8 Millionen erwerbstätige Menschen mit Behinderung. Dabei fiel der Anteil der Männer auf 61%. Frauen mit einer Behinderung waren häufiger als Männer in sozialen Bereichen wie z.b. dem Erziehungs- und Gesundheitswesen tätig, sowie im Handel und in der Gastronomie. Männer mit einer Behinderung waren häufiger im Bergbau, im verarbeitenden Gewerbe und im Baugewerbe tätig. 51% der Menschen mit Behinderung hatten als höchsten Berufsabschluss eine Berufsausbildung, eine Anlernausbildung oder verfügten über betriebliche Erfahrungen aus einem Praktikum. 26% verfügten über keinen beruflichen Abschluss, 11% über einen Fachschulabschluss, 4% über einen Hochschulabschluss und 3% über einen Fachhochschulabschluss. In der Altersgruppe zwischen 30 bis 45 Jahren wurde bei den Menschen mit Behinderung ein niedriges Ausbildungsniveau deutlich (vgl. PFAFF 10/2004).

Vergleiche nach Altersgruppen und nach Größe des Haushaltes zeigten im Niedrigeinkommensbereich folgende Situation: Bei den 25 – bis unter 60-jährigen Personen mit Behinderung war die Einkommenssituation zum Teil deutlich schlechter als bei nicht behinderten Menschen. Behinderte Frauen erreichten dabei ein geringeres persönliches Erwerbseinkommen als behinderte Männer. In höheren Einkommensverhältnissen waren behinderte Frauen ebenfalls weniger häufig zu finden, als behinderte Männer der gleichen Altersgruppe (vgl. PFAFF 02/2005)

---

[7] Erwerbsquote = Prozentanteil der vorhandenen Erwerbspersonen in einer Teilgruppe der Bevölkerung.

5.1 Gesetzliche Rahmenbedingungen zur beruflichen Integration

Die Europäische Union engagiert sich mit dem *„Disability Action Plan – DAP"* (KOMMISSION DER EUROPÄISCHEN GEMEINSCHAFT 2005, S. 3) zugunsten der 44,6 Millionen[8] Menschen mit Behinderung, die in der Europäischen Gemeinschaft leben. Dieser Europäische Aktionsplan wurde für den Zeitraum zwischen 2004 und 2010 entwickelt und definiert Ziele und Maßnahmen, die auf eine Eingliederung von Menschen mit Behinderungen aktiv ausgerichtet sind. Die Umsetzungsstrategie der Europäischen Union stützt sich dabei auf drei Säulen:

1. Die europäischen Rechtsgrundlagen und Maßnahmen zur Bekämpfung von Diskriminierung behinderter Menschen.
2. Die Schaffung von Barrierefreiheit um Zugangsfreiheit für Menschen mit Behinderung zu schaffen.
3. Die Eingliederung behinderter Menschen durch Einbeziehung von Behinderungsaspekten in alle Überlegungen der Gemeinschaft (vgl. KOMMISSION DER EUROPÄISCHEN GEMEINSCHAFT 2005, S. 3).

Gleichermaßen wurden in Deutschland gesetzliche Kampagnen und Initiativen gestartet, um Menschen mit Behinderung beruflich und gesellschaftlich verstärkt zu integrieren:

Im Jahr 1994 wurde in das Grundgesetz Artikel 3 Absatz 3 eine Ergänzung aufgenommen. *„Niemand darf wegen seiner Behinderung benachteiligt werden"* (BMGS 2005, S. 9). Diese Gleichstellung behinderter Menschen verpflichtete die Politik, ihnen Chancengleichheit und somit eine Teilhabe am gesellschaftlichen Leben zu ermöglichen. Es leitete einen Paradigmenwechsel ein. Menschen mit Behinderung sollen nicht nur darauf reduziert werden, dass sie als Personen auf gesellschaftliche Hilfestellung angewiesen sind. Im Sinne des Respekts vor ihrer menschlichen Würde bemühte man sich verstärkt um eine ganzheitliche Sichtweise (vgl. ebd. S. 9). Am 01. Oktober 2000 trat das Gesetz *„Zur Bekämpfung der Arbeitslosigkeit Schwerbehinderter"* (ebd. S. 11) in Kraft. Zeitgleich wurde die Kampagne *„50 000 Jobs für Schwerbehinderte"* (ebd. S. 12) gestartet, welche bis Oktober 2002 lief und die Arbeitslosenquote schwerbehinderter Menschen deutlich verringerte. Das Sozialgesetzbuch IX wurde zum 01. Juli 2001 eingerichtet und regelt seither gesetzlich die Rehabilitation und Teilhabe von Menschen mit Behinderung (vgl. ebd. S. 12). Das *„Behindertengleichstellungsgesetz"* (ebd. S 12) vom 01. Mai 2002, setzt die im

---

[8] Laut Europäischen Arbeitskräfteerhebung (AKE) 2002.

Grundgesetz beschriebene Gleichstellung behinderter Menschen um und sorgt für die Schaffung von Barrierefreiheit.

Am 01. Mai 2004 trat das *„Gesetz zur Förderung der Ausbildung und Beschäftigung schwerbehinderter Menschen"* (ebd. S. 13) in Kraft. Die Initiative *„Jobs ohne Barrieren"* (ebd. S.14) soll die Ausbildungs- und Beschäftigungslage von Menschen mit Behinderung verbessern. Am 01. Juli 2004 haben, mit der gesetzlichen Einordnung des Sozialhilferechtes in das Sozialgesetzbuch XII, weitere Regelungen in Richtung eines *„trägerübergreifenden persönlichen Budget[9]"* (ebd. S. 13) stattgefunden. In das neue SGB XII wurde zum 01. Januar 2005 ein viertes Kapitel eingefügt, welches das Recht auf Grundsicherung im Alter und bei Minderung der Erwerbsfähigkeit regelt (vgl. ebd. S. 13).

Nach dem Sozialgesetzbuch IX (SGB IX) erhalten Menschen mit einer Behinderung oder Personen, die von einer Behinderung bedroht sind Leistungen, damit ihnen eine selbst bestimmte und gleichberechtigte Teilhabe am Leben in der Gesellschaft möglich ist und damit Benachteiligungen ausgeglichen werden (vgl. § 1 SGB IX). Diese Sozialleistungen zielen darauf ab, dass eine Behinderung erst gar nicht entsteht bzw. gemindert wird, sowie eine Erwerbsunfähigkeit oder Pflegebedürftigkeit abgewendet wird. Die persönliche Entwicklung des Menschen mit Behinderung soll mithilfe dieser Leistungen ganzheitlich gefördert werden, um ihm eine Teilhabe am Leben in der Gemeinschaft und ein selbst bestimmtes Leben zu ermöglichen. Die eingesetzten Sozialleistungen zielen gleichermaßen auf die Verbesserung und Sicherung der Teilhabe am Arbeitsleben ab (vgl. ebd. §4 Abs. 1). Eine Vielzahl von Leistungen sollen eine berufliche Integration ermöglichen, u. a. Hilfen zur Erlangung und Sicherung eines Arbeitsplatzes, Hilfen zur beruflichen Erprobung und Berufsvorbereitung, Hilfen zur beruflichen Weiterbildung und beruflichen Grundausbildung (vgl. ebd. §33 Abs. 3).

Im Rahmen der Beschäftigung eines Menschen mit Behinderung kann ein Arbeitgeber nach dem SGB IX unterschiedliche Förderleistungen in Form von Ausbildungszuschüssen, Eingliederungszuschüssen, Zuschüssen für Arbeitshilfen im Betrieb und Probebeschäftigungen erhalten (vgl. §34 Abs.1 SGB IX). Dabei ist es auch möglich, dass die Beschäftigung von besonders betroffenen schwerbehinderten Menschen[10] auf mehr als einen Pflichtplatz angerechnet werden kann (vgl. ebd. §76). Private und öffentliche Arbeitgeber mit 20 Arbeitsplätzen (im Jahresdurchschnitt pro Monat) sind gesetzlich dazu

---

[9] Vgl. dazu § 17 SGB IX.
[10] Hierunter werden nach § 72 SGB IX u. a. Menschen mit Behinderung, die einem GdB von 50 infolge einer geistigen oder seelischen Behinderung besitzen, verstanden.

verpflichtet, mindestens 5 Prozent der Arbeitsplätze mit schwerbehinderten Menschen zu besetzen. Schwerbehinderte Frauen sind im besonderen Maße zu berücksichtigen (vgl. ebd. §71). Ansonsten müssen Arbeitgeber eine Ausgleichsabgabe zahlen. Diese beträgt bei einer Beschäftigungsquote im Jahresdurchschnitt von 3 Prozent bis unterhalb des festgelegten Pflichtsatzes pro unbesetzten Pflichtarbeitsplatz 105 €. Bei einer Beschäftigungsquote im Jahresdurchschnitt von 2 bis weniger als 3 Prozent, zahlt der Arbeitgeber 180 € und bei einer Beschäftigungsquote im Jahresdurchschnitt von weniger als 2 Prozent, leistet der Betrieb monatlich 260 € an den Staat ab (vgl. ebd. §77).

Zur Schaffung eines Ausbildungs- oder Arbeitsplatzes ist für den Arbeitgeber auch eine Förderung im Sinne einer technischen Arbeitsplatzausstattung möglich (vgl. §15 SchwbAV[11]). Arbeitsplatzeinrichtungen, welche aus behinderungsbedingten Gründen erforderlich sind, werden zusätzlich gefördert (vgl. ebd. §26).

Menschen mit einer Schwerbehinderung schützt im Arbeitsverhältnis ein besonderer Kündigungsschutz. Demzufolge müssen Arbeitgeber vor Kündigung eines schwerbehinderten Mitarbeiter eine Zustimmung beim zuständigen Integrationsamt einholen (vgl. § 85 SGB IX).

5.2 Arbeitsmarktbarrieren für Menschen mit Lernschwierigkeiten

Die Chancen auf dem allgemeinen Arbeitsmarkt sind durch eine Vielzahl von Hindernissen erschwert. Sie verschlechtern sich für Menschen mit Behinderung mit Erreichen eines höheren Alters, mit der Dauer der Arbeitslosigkeit, mit dem Fehlen einer qualifizierten Berufsausbildung, mit einer unvollständigen Bewältigung der Behinderung und mit ungezielten Bewerbungsbemühungen. Negativ wirkt sich außerdem, dass Vorhandensein einer Mehrfachbehinderung oder ein schlechter gesundheitlicher Zustand aus (vgl. BIH u. BUNDESAGENTUR FÜR ARBEIT 2004, S. 6). Zusätzlich kann der Kündigungsschutz für Menschen mit Behinderung von Arbeitgebern als Einstellungshindernis ansehen werden. „Das der besondere Kündigungsschutz für den Arbeitgeber mit einem zusätzlichen Aufwand verbunden ist, ist nicht zu leugnen" (BIH u. BUNDESAGENTUR FÜR ARBEIT 09/2003, S. 7).

Für die berufliche Eingliederung von Menschen mit dem Förderschwerpunkt geistige Entwicklung, stellt DOOSE 1995 in seiner Untersuchung von 25 Integrationsfachdiensten folgende Inhalte als Integrationsbarrieren fest:

---

[11] Schwerbehinderten – Ausgleichsabgabeverordnung (SchwbAV), eingebettet ins SGB IX.

- Eine schlechte wirtschaftliche Lage mit hoher Arbeitslosigkeit.
- Verschlossenheit von Arbeitgebern gegenüber einer Beschäftigung von Menschen mit einer deutlichen Behinderung.
- Ein niedriger Qualifikationsstand eines Bewerbers mit Behinderung.
- Förderrichtlinien, die nicht flexibel sind.
- Eine zu geringe Bereitschaft der Werkstätten für behinderte Menschen, bei einer Integration unterstützend mitzuhelfen (vgl. GRINNOLD 2000, S. 165f).

Arbeitgeber machen sich über die Leistungsfähigkeit von Menschen mit einem Förderschwerpunkt in der geistigen Entwicklung ein falsches Bild. Sie stellen sich den direkten Kontakt mit ihnen im Arbeitsleben sehr schwierig vor. In Zeiten hoher Arbeitslosigkeit findet parallel dazu noch ein Wettbewerb auf dem allgemeinen Arbeitsmarkt statt, der sie aus den einfachen Arbeitsbereichen verdrängt. So kommt es dazu, dass Menschen eine Beschäftigung in einer Werkstatt für behinderte Menschen aufnehmen, obwohl sie die Leistungsfähigkeit für eine Beschäftigung auf dem allgemeinen Arbeitsmarkt besitzen (vgl. BIH u. BUNDESAGENTUR FÜR ARBEIT 2002, S. 9). Die Forschungsgruppe der Katholischen Universität Eichstätt-Ingolstadt stellt fest, dass bei Arbeitgebern Vorurteile und Informationsdefizite im Zusammenhang mit der Beschäftigung eines Menschen mit Behinderung bestehen. Sie fühlen sich nicht ausreichend über das Schwerbehindertengesetz informiert, haben Bedenken im Hinblick auf die Auswirkungen der Behinderung im Berufsleben und sind über die finanziellen Fördermöglichkeiten wenig informiert. Gerade klein- und mittelständische Betriebe befürchten, dass die Einstellung von Menschen mit Behinderung für sie eine behördliche Kontrolle und verstärkte Einflussnahme nach sich zieht (vgl. PLEIL 2001, S. 1f).

MAIR macht darauf aufmerksam, dass *„der überwiegenden Mehrzahl der Behinderten (...) nur ein begrenztes Spektrum von Arbeitsplätzen offen steht. Es beschränkt sich (...) auf die Sektoren, in denen vorrangig gering qualifizierte Hilfstätigkeiten (...) angeboten werden. Abgesehen davon, dass diese Arbeitsmarktsektoren weiter schrumpfen, bieten sie immer weniger langfristig gesicherte und stetige Beschäftigungsverhältnisse und kalkulierbare Perspektiven; denn gerade in diesem Sektor sind die Arbeitskräftenachfragen zu schwankend"* (MAIR 2001, S.30).

Auch in Bezug auf Ausbildungsmöglichkeiten werden Menschen mit Lernschwierigkeiten benachteiligt. Aufgrund des derzeitigen Mangels an Lehrstellen und dem Überhang an Bewerbern befinden sich Absolventen der unterschiedlichen Schulformen in einem Wettkampf. Dieser führt dazu, dass Menschen mit Lernschwierigkeiten von Hauptschülern verdrängt werden, Abgänger der Hauptschulen hingegen von Realschülern und Absolventen der Realschulen von Abiturienten (vgl. NEUSER 2006, S. 5).

Menschen mit Lernschwierigkeiten werden vom Wegfall einfach strukturierter Arbeitsplätze im besonderen Maße betroffen. Gerade diese Personengruppe ist mehrheitlich nur auf einfache und überschaubare Arbeitsplätze zu integrieren. Diese sollten möglichst gleich bleibende Strukturen und Abläufe, sowie einen verlässlichen Ansprechpartner im Betrieb aufweisen. Auch ein häufiger Wechsel der Arbeitskollegen kann Menschen mit Lernschwierigkeiten Probleme bereiten, da sie sich auf neue Gegebenheiten grundsätzlich schwerer einlassen können. Im Flexibilisierungsprozess der Wirtschaft finden sich diese Strukturen kaum noch wieder. Die Anforderungen am Arbeitsplatz sind deutlich gestiegen. Mit weniger Personal wird teilweise das gleiche Arbeitspensum oder sogar noch mehr bewältigt. Die Bereitschaft der Betriebe und der Belegschaft einen Menschen mit Lernschwierigkeiten einzustellen, sinkt unter dem Druck der gestiegenen Arbeitsbelastung. Zeitkapazitäten zwecks intensiver Einarbeitung existieren nicht mehr. Dazu besteht die Angst, dass sich diese Person zu einer zusätzlichen Belastung entwickeln könnte und dann nicht wieder schnell freigesetzt werden kann. Unter dem wirtschaftlichen Gesichtspunkt Personalkosten einzusparen, reduzieren Unternehmen aktuell ihr Stammpersonal und beschäftigen zu Spitzenzeiten zusätzliche preisgünstige und hochflexible Arbeitskräfte aus Arbeitnehmerüberlassungen. Zeitarbeitskräfte übernehmen damit einfache Aufgabenbereiche in der Produktion, die sich traditionell für Menschen mit Lernschwierigkeiten eignen und diese werden so vom allgemeinen Arbeitsmarkt verdrängt.

5.3 Der berufliche Werdegang von Menschen mit Lernschwierigkeiten

Im Ausbildungsjahr 2004/2005 konnten, nach Angaben der Bundesagentur für Arbeit 97 Prozent der Bewerber mit Behinderung in eine Berufsausbildung vermittelt werden. Bei genauerer Betrachtung dieser Zahl fällt jedoch auf, dass damit nicht alle Menschen mit Behinderung berücksichtigt sind. So fehlen zum Beispiel die welche nach der Schule direkt in die Werkstatt für behinderte Menschen wechselten. Außerdem wurde mindestens die Hälfte der erfassten Personen in eine außerbetriebliche Ausbildung oder Qualifizierungsmaßnahme vermittelt und somit nicht in ein Ausbildungsverhältnis auf dem allgemeinen Arbeitsmarkt (vgl. BIH und Bundesagentur für Arbeit 03/2006, S. 10f).

Wenn Schüler der Förderschule mit dem Schwerpunkt geistiger Entwicklung ihre Schulzeit beenden, haben sie damit auch ihre Berufsschulpflicht erfüllt. Aufgrund der Schwere ihrer Behinderung findet nach Ende der Schulzeit in der Regel keine berufliche Ausbildung statt. Ihre theoretischen Leistungen sind für die berufsschulischen Mindestvoraussetzungen der bundesweit einheitlich geregelten Berufsbilder und -abschlüsse oftmals nicht ausreichend (vgl. FRÜHAUF 1997, S. 299). Für sie findet, direkt im Anschluss an die Schule, eine Integration auf dem zweiten Arbeitsmarkt statt. Somit sind diese Schüler in ihren Möglichkeiten für eine berufliche Ausbildung gesellschaftlich benachteiligt. Jedem nicht behinderten Auszubildenden wird nach Schulentlassung mindestens eine Lehrzeit von drei Jahren zugebilligt. Schüler dieser Förderschule erhalten lediglich ein bis zwei Jahre berufliche Bildung in Werkstätten für behinderte Menschen. Gerade integrativ beschulte Schüler mit einer geistigen Behinderung wünschen sich eine nachschulische Integration auf dem allgemeinen Arbeitsmarkt und nicht die Eingliederung in eine Werkstatt für behinderte Menschen (vgl. ebd. S. 300).

„Es darf nicht nur die WfB geben, es muss für die Betroffenen die Möglichkeit geben, wählen zu können, wo ihr Arbeitsort sein soll" (SCHOLDEI-KLIE 1999, S. 48*).*

Für Absolventen aus den Förderschulen mit dem Schwerpunkt Lernen bieten sich, im Vergleich zu Abgängern der Hauptschulen, auch gegenüber denen die ohne einen Hauptschulabschluss die Schule verlassen, schlechtere Chancen innerhalb der beruflichen Eingliederung auf dem allgemeinen Arbeitsmarkt. Ihre Bewerbungen finden weniger häufig Berücksichtigung, sie erlangen seltener einen Ausbildungsplatz, sie sind stärker von Ausbildungsabbrüchen bedroht und daher stärker von Arbeitslosigkeit betroffen. Für Schüler der Förderschulen gibt es unterschiedliche berufliche Bildungsmaßnahmen, welche alle zum Ziel der Aufnahme einer betrieblichen Ausbildung führen sollen. Doch diese macht nur Sinn, wenn die Schüler über ausreichend theoretische und praktische Fähigkeiten verfügen. Zusätzlich sind die Anforderungen in der Berufswelt durch neue technologische Entwicklungen angestiegen, so dass für sie eine reguläre Berufsausbildung oftmals nicht möglich ist. Eine große Zahl der Absolventen dieser Förderschulen bleibt trotz intensiver Anstrengungen um Ausbildung oder Arbeit letztlich ohne eine Beschäftigung (vgl. KANTER 1997, S. 265 ff).

Einige Menschen mit Lernschwierigkeiten bewältigen jedoch die Integration auf den allgemeinen Arbeitsmarkt erfolgreich. Sie sind dort als ungelernte Arbeitskräfte oder als Arbeitskräfte mit einer reduzierten Ausbildung beschäftigt. Geeignete ungelernte Hilfstätigkeiten bieten sich für Menschen mit Lernschwierigkeiten u. a. in folgenden Bereichen an: Verarbeitendes Gewerbe wie z.B. Holz und Metall, Dienstleistungsbereich, Seniorenheime und Kliniken, Groß- und Einzelhandel, Gaststätten und Hotels, Gartenbau, Nahrungsmittelherstellung sowie im landwirtschaftlichen Bereich (vgl. KASSELMANN / RÜTTGERS 2005, S. 34). Ausgehend von den Rahmenbedingungen ist für eine Platzierung auf dem allgemeinen Arbeitsmarkt folgendes zu berücksichtigen: Die Aufgaben sollten zeitlich und räumlich klar definiert sein, eine intensive Einarbeitung sollte möglich und ein fester Ansprechpartner vorhanden sein. Die Möglichkeit für soziale Kontakte zu Nichtbehinderten müsste bestehen, eine Belehrung im Sinne der Unfallverhütung stattfinden und Gefahrenquellen ausgeräumt werden. Um das Ziel einer erfolgreichen Integration zu erreichen, ist eine frühzeitige Förderung, im Sinne eines Ausbaus von vorhandenen Fähigkeiten, eine fachliche Begleitung und Beratung und ein passgenauer Arbeitsplatz, erforderlich. Auch aus den Werkstätten für behinderte Menschen heraus kann eine Integration auf den allgemeinen Arbeitsmarkt erfolgen (vgl. ADLHOCH u. a. 2005, S.136).

5.3.1 Nachschulische Möglichkeiten auf dem Weg ins Berufsleben

Im Übergang von der Schule in das Berufsleben werden, im Rahmen der beruflichen Eingliederung von Menschen mit Lernschwierigkeiten, über die Berufsberatungen der Arbeitsagenturen folgende traditionelle Bildungselemente gefördert:

Berufsfindung

Diese Maßnahme dient der Abklärung der beruflichen Eignung des Jugendlichen. Er kann sich in verschiedenen Berufsbereichen erproben und praktische Kompetenzen sammeln. Eine Berufsfindung wird in Rehabilitationseinrichtungen, wie z.B. Berufsbildungswerken durchgeführt. Sie kann schon innerhalb der Schulzeit durchgeführt werden (vgl. GRINNOLD 2000, S. 125).

Berufsausbildungsvorbereitung (BvB)

Dies sind Maßnahmen zur Vorbereitung auf eine Berufsausbildung, welche sich auf Personen beziehen, die aufgrund mangelnder Entwicklungsreifung für eine Ausbildung noch nicht geeignet sind. Die Teilnehmer werden in ihren Fähigkeiten und Fertigkeiten qualifiziert und sozialpädagogisch unterstützt (§ 68 BBiG). BvB - Maßnahmen können laut § 61 SGB III über die Arbeitsagentur gefördert werden und für Menschen mit Behinderung nach den §§ 97 ff SGB III. Früher gab es für Menschen mit Behinderung spezielle Förderlehrgänge (F - Lehrgänge[12]). Sie wurden von der Arbeitsagentur hauptsächlich in überbe-

---

[12] F 1 Lehrgang für Menschen mit Behinderung, die sich für eine Berufsausbildung eignen aber zuvor eine Förderung bedürfen. F 2 und 3 Lehrgang für Menschen mit Behinderung, die aufgrund des Ausmaßes ihrer Behinderung für eine Berufsausbildung nicht in Frage kommen, aber in einer Werkstatt für behinderte Menschen unterfordert wären. F 4 Lehrgänge für Menschen mit Behinde-

trieblichen Rehabilitationseinrichtungen wie den BBW durchgeführt oder an freie und gemeinnützige Träger vergeben (vgl. SCHARTMANN 2000, S. 1).

Zum 01.09.2004 führte die Bundesagentur für Arbeit bundesweit ein neu überarbeitetes Konzept für die Berufsvorbereitung (BvB) ein. Damit wurde das bisherige unbewegliche Lehrgangskonzept abgelöst und eine Orientierung auf die individuellen Kenntnisse und Bedürfnisse der Jugendlichen vorgenommen. Die neue Lehrgangsform strukturiert sich zu Beginn in eine Eingangsanalyse in der die Kompetenzen der Jugendlichen festgestellt werden. Anschließend beginnt die Grund- und Förderstufe mit dem Ziel der Erweiterung von Fähigkeiten und Fertigkeiten des Jugendlichen. Die Jugendlichen, welche eine Ausbildungsreifung erlangen, werden sofort in eine Qualifizierungseinheit gegeben, die sie im Übergang auf eine Berufsausbildung vorbereiten soll (vgl. SCHIERHOLZ 2004, S. 22). Am neuen BvB - Konzept wird kritisiert, dass die zwei- bis dreiwöchige Eignungsanalyse zu Beginn der Maßnahme viel zu kurz ist. Außerdem wurde der Betreuungsschlüssel von 1:8 auf 1:15 erhöht. Dies bedeutet für die Teilnehmer, dass sich damit die Betreuungsintensität der Maßnahme verschlechtert. Das Betreuungspersonal ist demzufolge für fast doppelt so viele Teilnehmer zuständig. Die Maßnahme wurde ebenfalls in der maximalen Laufzeit gekürzt. Die Dauer des Lehrgangs beträgt im Durchschnitt nur noch 10 Monate. Bei Menschen mit Behinderung sind es 11 Monate. Die traditionelle Zielgruppe der BvB - Maßnahme reicht vom Jugendlichen mit einer geistigen Behinderung, bis hin zum sozial benachteiligten Jugendlichen. Der Personenkreis der früheren Förderlehrgänge 2 und 3 sowie der des Berufsbildungsbereiches der Werkstätten für behinderte Menschen, machten bisher 15 % der Klientel für BvB Maßnahmen aus. Sie finden sich nun im neuen BvB - Fachkonzept konzeptionell zu wenig wieder (vgl. ebd. S. 23ff).

„Behinderte Jugendliche müssen also – entgegen dem Eindruck, den das ‚neue Fachkonzept' erweckt – anderen Maßstäben unterworfen werden und man wird diesem sicherlich nicht ungerecht, wenn man es als insgesamt behindertenfern bis –untreundlich beschreibt" (SCHIERHOLZ 2004 S. 25).

Abgestufte Ausbildung

Für Jugendliche in Deutschland gibt es die Möglichkeit, eine Ausbildung in einem anerkannten Ausbildungsberuf nach §§ 4, 5 Berufsbildungsgesetz (BBIG) / bzw. §§ 25, 26 Handwerksordnung (HWO) zu absolvieren oder eine abgestufte Ausbildung nach § 66

---

rung, welche am beruflichen Wettbewerb aufgrund ihrer Einschränkungen nicht teilnehmen können (BiBB 2004 S. 19).

BBiG [13]/ bzw. § 42b HWO (vgl. BBiG 2005) aufzunehmen. Der § 66 BBiG benennt die Möglichkeit, dass für Menschen mit Behinderung reduzierte Ausbildungen aus den Inhalten anerkannter Ausbildungsberufen abgeleitet werden können. Diese Ausbildungsgänge können in Berufsbildungswerken oder in geeigneten Betrieben des allgemeinen Arbeitsmarktes durchgeführt werden. Mit dem § 65 BBiG finden die besonderen Gegebenheiten von Menschen mit Behinderung Berücksichtigung. Dies äußert sich in der zeitlichen und sachlichen Organisation der Ausbildung, der Zubilligung von zusätzlicher Bearbeitungszeit in Prüfungen und der Zulässigkeit von Hilfsmitteln und Leistungen wie z.B. Vorlesehilfe für sehbehinderte Menschen (vgl. §§ 65 f BBiG).

Für Menschen mit Lernschwierigkeiten der Förderschulen mit dem Schwerpunkt Lernen, kommt häufiger eine abgestufte Ausbildung in Betracht. Diese Berufsausbildung ist in den theoretischen und / oder praktischen Anforderungen reduziert und wird hauptsächlich in Berufsbildungswerken (BBW) angeboten (vgl. SCHARTMANN 2000, S. 1). Berufsbildungswerke sind überregionale Einrichtungen, welche auf die berufliche Erstausbildung von Menschen mit Behinderung abzielen. Ausgenommen sind Jugendliche mit einer geistigen Behinderung und schwer Mehrfachbehinderte (vgl. GRINNOLD 2000, S. 123). Berufsbildungswerke sind behinderungsgerecht auf die Bedürfnisse der Teilnehmer abgestimmt. Der Unterricht findet in Kleingruppen statt. Es sind medizinische, psychologische und sozialpädagogische Dienste vorhanden. Die Teilnehmer sind während der Maßnahme in Internaten untergebracht (vgl. BUNDESAGENTUR FÜR ARBEIT 2006, S. 1).

Werkstatt für behinderte Menschen (WfbM)

Werkstätten für behinderte Menschen bieten Menschen mit Behinderung eine Möglichkeit der beruflichen Beschäftigung. Die WfbM zielen auf behinderte Personen ab, die nicht auf dem allgemeinen Arbeitsmarkt tätig sein können, bzw. Personen, die eine berufliche Bildungsmaßnahme in der WfbM benötigen, um anschließend wieder auf den allgemeinen Arbeitsmarkt integriert zu werden (vgl. SCHARTMANN 2000, S. 1).

Zusammenfassend kann festgestellt werden, dass die Angebote der Arbeitsagenturen für Menschen mit Lernschwierigkeiten hauptsächlich in Sondereinrichtungen stattfinden, fest konzipiert und institutionalisiert sind. Kritisiert wird, dass die individuellen Bedürfnisse von Menschen mit Behinderung in diesem Zusammenhang nur sehr gering berücksichtigt werden können. Menschen mit Lernschwierigkeiten werden an die Angebote des beste-

---

[13] Im alten Berufsbildungsgesetz waren es Ausbildungen nach § 48 BBIG. Das neue Berufsbildungsgesetz ist vom 23.03.2005 und gilt seit 01.04.2005.

henden Bildungssystems angepasst und finden sich in Fördereinrichtungen wieder. Bezogen auf die steigenden Anforderungen am allgemeinen Arbeitsmarkt, muss die berufliche Bildung von Menschen mit Lernschwierigkeiten jedoch unter betriebsnäheren und realistischen Bedingungen erfolgen. Der Übergang aus der Schule in den Beruf sollte für Menschen mit Behinderung vielmehr auf die Region bezogen sein und demzufolge flexibel, personenbezogen und mit großer Nähe zu den Betrieben des allgemeinen Arbeitsmarktes gestaltet werden. Dazu sind alternative Modelle und Projekte entwickelt worden, in denen neue Wege im Übergang aus der Schule ins Berufsleben erprobt wurden. Aufgrund der Vielzahl der Projekte und ihrer heterogenen Zusammensetzung innerhalb der Zielgruppen, muss auf eine vollständige Beschreibung der Projekte verzichtet werden. (vgl. SCHARTMANN 2000, S. 2).

Alternativ können Menschen mit Lernschwierigkeiten nach der Schulzeit auch andere Wege einschlagen. Angebote, welche für die berufliche Qualifizierung von Jugendlichen mit besonderem Förderbedarf[14] existieren, können im Einzelfall genutzt werden, da diese Zielgruppe Menschen mit Lernschwierigkeiten (hauptsächlich die der Förderschulen mit dem Schwerpunkt Lernen) mit einschließt. Folgende Schritte in eine berufliche Zukunft auf dem allgemeinen Arbeitsmarkt können dabei möglich sein:

Nachträgliches Erreichen des Hauptschulabschlusses

In allen Bundesländern sind unterschiedliche Regelungen getroffen worden, die es ermöglichen, den Förderschulabschluss mit dem Schwerpunkt Lernen zu verbessern, so dass der Hauptschulabschluss erreicht werden kann. Der Abschluss kann u. a. durch die Teilnahme an einem zehnten Schuljahr in einer Hauptschule oder durch das Absolvieren eines Berufsvorbereitungsjahres, bzw. einer Berufsausbildungsvorbereitenden Bildungsmaßnahmen erlangt werden (vgl. KANTER 1997, S. 268).

Berufsvorbereitungsjahr(BVJ)

---

[14] Darunter sind benachteiligte Jugendliche zu verstehen. Zum einen aufgrund einer strukturelle Benachteiligung, bezogen auf das System der beruflichen Bildung und des Beschäftigungsmarktes. Zum anderen liegt diese in der Person begründet, z.B. bezogen auf die soziale Herkunft, geschlechtsspezifische Faktoren, schulische Vorbildung oder Nationalität. Zusammen gesehen wirken sich die Benachteiligungen entwicklungshemmend aus. Es entstehen Lernschwächen. Laut Bundesagentur für Arbeit setzt sich die Gruppe der sozial benachteiligten Personen aus Jugendlichen mit Verhaltensauffälligkeiten, ehemals straffällig gewordenen oder drogenabhängigen Jugendlichen, Aussiedlern und Ausländern mit Sprachproblemen, Legasthenikern und Jugendlichen der Jugendhilfe zusammen. Eine Lernbehinderung stellt dagegen den schwerwiegenderen Fall einer Lernbeeinträchtigung dar. Diese Personengruppe sieht die Bundesagentur für Arbeit in Abgängern der Förderschulen oder der Hauptschulen ohne Abschlusszeugnis (vgl. INBAS 2002, S. 18ff).

Das BVJ wird vorwiegend durch die Länder geregelt und teilweise in unterschiedlicher Form für Jugendliche ohne Ausbildungsvertrag angeboten. Die Schülerzahl, die dieses Jahresangebot wahrnimmt, ist tendenziell steigend. Das BVJ ist schulisch orientiert und wird an Berufsschulen und Sonderberufsschulen angeboten, zum Teil auch an Berufsfachschulen und Jungarbeiterklassen. Üblicherweise wird zur Hälfte Fachtheorie mit Allgemeinbildung und Fachpraxis vermittelt. Gleichzeitig kann der Hauptschulabschluss erworben werden. Das BVJ ist umstritten, da hier Jugendliche erneut beschult werden, obwohl viele von ihnen schlechte Erfahrungen mit dem Schulsystem gemacht haben. Außerdem haben sie, im Gegensatz zu Personen die an berufsvorbereitenden Bildungsmaßnahmen über die Bundesagentur für Arbeit teilnehmen, kein Recht auf Berufsausbildungsbeihilfe[15], da sie innerhalb des BVJ im Schülerstatus bleiben. Durch kritische Stimmen haben sich vielerorts neue Formen des BVJ ergeben, u. a. Modelle, welche intensiver mit Partnern der Wirtschaft kooperieren und Theorie und Praxis handlungsorientiert verbinden (vgl. INBAS 2002, S.74ff).

Berufsausbildung innerhalb einer außerbetrieblichen Einrichtung (BüE)
Die Bundesagentur für Arbeit fördert für sozial Benachteiligte und für Jugendliche mit Lernschwierigkeiten, welche nicht auf die umfangreiche Unterstützung innerhalb eines Berufsbildungswerkes angewiesen sind, eine Berufsausbildung in einer außerbetrieblichen Einrichtung (BüE) (vgl. § 240 ff SGB III). Die Ausbildung setzt sich dual aus einem berufsschulischen und einem praktischen Teil zusammen, welcher außerbetrieblich in einer trägereigenen Ausbildungseinrichtung absolviert wird. Die gesamte Ausbildung ist sozialpädagogisch orientiert und beinhaltet ein schulisches Nachhilfeangebot, bzw. Ausbildungsbegleitende Hilfen[16]. (vgl. GRINNOLD 2000, S.125). Die Auszubildenden absolvieren Praktika in Betrieben auf dem allgemeinen Arbeitsmarkt. Konnte dadurch eine betriebliche Anbindung geknüpft werden, so besteht die Möglichkeit, dass die Ausbildung nach dem ersten Lehrjahr in diesem Betrieb fortsetzt werden kann. In Kooperation mit regulären Ausbildungsbetrieben kann eine BüE auch noch in einer anderen Form durchgeführt werden. Der fachpraktische Teil kann dabei betriebsnah in regulären Betrieben durchgeführt werden, wobei der Träger der BüE - Maßnahme zusätzlich den sozialpädagogischen Teil gewährleistet (vgl. INBAS 2002, S.96ff).

---

[15] Nach § 59 SGB III.
[16] Ausbildungsbegleitende Hilfen (abH) können von allen Jugendlichen innerhalb einer Ausbildung in Anspruch genommen werden. Die Hilfeleistung umfasst folgende Zielsetzungen: Vermittlung in Ausbildung, Prävention von Abbrüchen, erfolgreiche Beendigung der Ausbildung. Die Unterstützung wird in Form von Förderunterricht, sowie sozialpädagogischen Beratungsangeboten gewährleistet (vgl. GRINNOLD 2000, S. 121).

Berufsvorbereitende Bildungsmaßnahme in einem Betrieb auf dem allgemeinen Arbeitsmarkt

Für Abgänger der Förderschulen besteht grundsätzlich die Möglichkeit, berufsvorbereitende Bildungsmaßnahmen direkt in einem Betrieb auf dem allgemeinen Arbeitsmarkt durchzuführen. Im Sinne des § 61 SGB III, kann diese als Einzelmaßnahme zur Teilhabe am Arbeitsleben über die Agentur für Arbeit gefördert werden. Das Ziel bleibt die Integration in eine reduzierte Ausbildung oder in eine Beschäftigung auf den allgemeinen Arbeitsmarkt (vgl. § 61 SGB III).

Reduzierte Ausbildung in Betrieben des allgemeinen Arbeitsmarktes.

Nach einer betrieblichen Berufsvorbereitungsmaßnahme kann sich eine betriebliche Ausbildung auf dem allgemeinen Arbeitsmarkt in theoriereduzierten Berufsbildern anschließen. Über Ausbildungsbegleitende Hilfen kann eine Begleitung des Auszubildenden gewährleistet werden. Unterstützend kann der Integrationsfachdienst über das Integrationsamt zur Begleitung am Arbeitsplatz eingeschaltet werden.

Außenarbeitsplätze der Werkstätten für behinderte Menschen (WfbM)

Als ein wichtiger Zwischenschritt können, Außenarbeitsplätze für Menschen mit Lernschwierigkeiten innerhalb der beruflichen Integration auf den allgemeinen Arbeitsmarkt, angesehen werden. Die Beschäftigten behalten den Status eines WfbM-Mitarbeiters und erhalten trotzdem die Möglichkeit, sich über einen längeren Zeitraum in einem Betrieb auf dem allgemeinen Arbeitsmarkt zu qualifizieren. Außenarbeitsplätze bergen die Chance für eine Übernahme in ein reguläres Beschäftigungsverhältnis (vgl. GRINNOLD 2000, S. 122).

5.3.2 Förderinstrumente zur beruflichen Bildung

Wie fast alle Jugendliche haben Menschen mit Lernschwierigkeiten, welche eine betriebliche oder außerbetriebliche Ausbildung absolvieren, ein Recht auf Berufsausbildungsbeihilfe. Sie beruht auf eine Unterstützung für den Lebensunterhalt. Allgemein wird diese nur gewährt, wenn die Jugendlichen nicht mehr bei ihren Eltern wohnen und ihnen die große Entfernung zwischen ihrem Ausbildungsbetrieb und der Wohnung ihrer Eltern nicht zuzumuten ist (§59 SGB III). Behinderte Auszubildende können Berufsausbildungsbeihilfe aber auch dann beziehen, wenn sie bei ihren Eltern, bzw. bei einem Elternteil leben (vgl. BUNDESAGENTUR FÜR ARBEIT 2006, S. 1).

Leistungen wie Ausbildungsbegleitende Hilfen greifen da, wo es in der Ausbildung zu Schwierigkeiten kommt. Auch sie können von fast allen Jugendlichen in Anspruch genommen werden. Die Hilfeleistung umfasst folgende Zielsetzungen: Vermittlung in Ausbildung, Prävention von Abbrüchen, erfolgreiche Beendigung der Ausbildung. Die Unterstützung wird in Form von Förderunterricht, sowie einem sozialpädagogischen Beratungsangebot gewährleistet (vgl. GRINNOLD 2000, S. 121).

Ob bei Menschen mit Lernschwierigkeiten die Voraussetzungen für eine Förderung der Teilhabe am Arbeitsleben vorliegen, wird in der Mehrzahl der Fälle vom Berufsberater der regionalen Arbeitsagentur überprüft. Der Jugendliche mit Lernschwierigkeiten stellt im Übergang aus der Schule einen Antrag auf Teilhabe am Arbeitsleben. Vor einer Maßnahme findet eine arbeitsmedizinische und / oder eine psychologische Eignungsuntersuchung durch die Arbeitsagentur statt. Auch der technische Beratungsdienst der Arbeitsagentur kann beteiligt werden. Dadurch soll gewährleistet werden, dass die angebotene Maßnahme dem Leistungstand des Bewerbers gerecht wird. Vielfach werden den Bildungsmaßnahmen auch noch Angebote zur Erprobung und Berufsfindung vorgeschaltet. Menschen mit Behinderung sollen dazu befähigt werden, im Anschluss an die Bildungsmaßnahme eine berufliche Tätigkeit auf dem allgemeinen Arbeitsmarkt aufnehmen zu können (vgl. SCHARTMANN 2000, S. 2). Bei der Förderung der Teilhabe am Arbeitsleben sind folgende rechtliche Grundlagen zu berücksichtigen:

- Sozialgesetzbuch IX – Gesetzliche Regelungen und Verordnungen zur Teilhabe und Rehabilitation von Menschen mit Behinderung (SGB IX)
- Sozialgesetzbuch III – Gesetzliche Regelungen zur Arbeitsförderung (SGB III)
- Berufsbildungsgesetz (BBiG)
- Handwerksordnung (HwO) (BUNDESAGENTUR FÜR ARBEIT 2004, S. 8).

Die Bundesanstalt für Arbeit ist Rehabilitationsträger, wenn nicht ein anderer Rehabilitationsträger vorrangig zuständig ist. Für die Zuständigkeitsklärung ist laut Gesetz eine Bearbeitungsfrist von 14 Tagen nach Antragseingang einzuhalten (vgl. ebd. S. 8). Weitere Rehabilitationsträger können sein: Die gesetzlichen Krankenkassen, die Bundesanstalt für Arbeit, die Träger der gesetzlichen Unfallversicherungen, Träger der gesetzlichen Rentenversicherung, der Kriegsopferfürsorge, der öffentlichen Jugendhilfe und Träger der Sozialhilfe (vgl. § 6 SGB IX).

Die Leistungen und Maßnahmen zur Teilhabe am Arbeitsleben sollen die Erwerbsfähigkeit des Menschen mit Behinderung, bzw. des von Behinderung bedrohten Menschen, entwickeln und stabilisieren. Folgende Leistungen werden gefördert:

- Unterstützung bei der Arbeitsplatzsuche und der Stabilisierung bestehender Ar-
  beitsverhältnisse
- Maßnahmen zur beruflichen Vorbereitung
- Berufliche Qualifikationsmaßnahmen
- Berufliche Ausbildungen
- Finanzielle Überbrückungsleistungen
- Sonstige Leistungen die den Betreffenden eine passgenaue Beschäftigung oder
  eine selbständige Tätigkeit ermöglicht, bzw. diese erhält (vgl. § 33 Abs. 3 SGB IX).

Dem Rehabilitanden wird während einer Maßnahme Ausbildungs- oder Übergangsgeld
gezahlt. Sämtliche Teilnahme- und Prüfungskosten werden übernommen, sowie Fahrt-
kosten, Lernmaterialien, Arbeitskleidung und -instrumente, Kosten für die Kinder-
betreuung oder Haushaltshilfe, Kosten für eine auswärtige Wohnunterbringung, sowie
Beiträge zur Kranken- u. Pflegeversicherung. Folgende weitere Leistungen können gewährt werden, wenn diese aus behinderungsbedingten Gründen notwendig sind, damit
der Betroffene eine Maßnahme oder ein Beschäftigungsverhältnis beginnen kann: Im
Rahmen der Bewältigung des Arbeitsweges, kann die Kraftfahrzeughilfe eingesetzt werden. Die Förderung von technischen Arbeitsmitteln sowie einer Unterstützung durch Arbeitsassistenz ist ebenfalls möglich. Dazu kommen Leistungen zur Deckung der Kosten
einer Wohnung, sowie Hilfsmittel die nicht orthopädisch ausgelegt sein dürfen (vgl.
BUNDESAGENTUR FÜR ARBEIT 2004, S. 13).

Arbeitgeber, welche Rehabilitanden einen Ausbildungs- oder Arbeitsplatz zur Verfügung
stellen, haben ebenfalls die Möglichkeit, Leistungen über die Rehabilitationsträger zu erhalten. Handelt es sich um eine Ausbildung, bzw. um praktische Elemente einer Ausbildung, die betrieblich durchgeführt werden, so kann der Arbeitgeber einen Ausbildungs-
zuschuss erhalten. Eine sozialversicherungspflichtige Einstellung eines Rehabilitanden
wird mit einem Eingliederungszuschuss an den Arbeitgeber gefördert werden. Außerdem
werden behinderungsgerechte Arbeitshilfsmittel, sowie die Kosten für eine befristete Pro-
bebeschäftigung gefördert (vgl. § 34 SGB IX und § 236 ff SGB III). Arbeitgeber, die Menschen mit Lernschwierigkeiten ausbilden oder einstellen, welche über einen anerkannten
Schwerbehindertenstatus verfügen, können gleichermaßen Förderleistungen erhalten.
Wird ein schwerbehinderter Auszubildender beschäftigt, können von der örtlichen Ar-

beitsagentur Zuschüsse zu den Ausbildungsgebühren an den Arbeitgeber geleistet werden (§ 26a SchwbAV). Des Weiteren sind Ausbildungszuschüsse und Prämien möglich (§ 26b SchwbAV). Wird ein schwerbehinderter Mensch auf einen Erwerbsarbeitsplatz eingestellt, so erhält der Arbeitgeber einen Eingliederungszuschuss (vgl. § 218 SGB III).

Zusätzlich treten die Integrationsämter zur Sicherung von Arbeitsverhältnissen für schwerbehinderte Menschen als Kostenträger auf (vgl. § 14 SchwbAV). Investive Förderleistungen zur Ausstattung von Ausbildungs- und Arbeitsplätze werden daher von den Integrationsämter entrichtet (§ 15 SchwbAV). Außerdem kann die behindertengerechte Umrüstung eines Erwerbsarbeitsplatzes oder Ausbildungsplatzes gefördert werden (vgl. § 26 SchwbAV).

Im Rahmen der Ausgleichsabgabe kann dem Betrieb unter folgenden Umständen die Beschäftigung eines schwerbehinderten Mitarbeiters in einem Ausbildungs- oder Erwerbsverhältnisses auf mehr als einen Pflichtplatz angerechnet werden. Die Mehrfachanrechnung ist möglich, wenn nach einer betrieblichen Ausbildung der schwerbehinderte Mensch in ein Beschäftigungsverhältnis übernommen wird oder es sich um einen Menschen aus den Werkstätten für behinderte Menschen handelt. Eine Person mit Behinderung, bei der eine Vermittlung in Arbeit behinderungsbedingt auf besondere Schwierigkeiten stößt, kann gleichermaßen mehrfach angerechnet werden. Hierunter fallen u. a. Menschen mit Lernschwierigkeiten aus den Förderschulen mit dem Schwerpunkt geistiger Entwicklung. Die Anrechnung kann bis auf drei Pflichtplätze ausgeweitet werden (vgl. BMGS 2005, S. 20f).

5.4 Berufliche Integration in den zweiten Arbeitsmarkt

In den 700 bestehenden Werkstätten für behinderte Menschen (WfbM) in Deutschland, arbeiten derzeitig 250.000 Menschen mit Behinderung (vgl. KNAPP 2006 S. 1). Diese Institutionen gewährleisten Menschen mit Behinderung eine Teilhabe am Arbeitsleben und streben für sie eine Integration in den allgemeinen Arbeitsmarkt an. Werkstätten für behinderte Menschen stehen der Gruppe von Menschen mit Behinderung offen, welche aufgrund der vorliegenden Behinderungsart- oder schwere nicht auf dem allgemeinen Arbeitsmarkt bestehen kann, bzw. erst eine berufliche Förderung und Stabilisierung benötigen, um danach erstmalig oder erneut in den Arbeitsmarkt eingegliedert zu werden (vgl. § 136 SGB IX). Die Zahl der Aufnahmen in die WfbM ist in den letzten Jahren stetig angestiegen. Bis zum Jahr 2010 wird weiterhin eine steigende Nachfrage prognostiziert. Erst danach ist aus demographischen Gründen mit einem Rückgang der Zahl der Menschen mit Behinderung zu rechnen (vgl. ZINK 2004, S. 5ff). Trotz steigendem Bedarf müssen sich die Werkstätten für behinderte Menschen, in aktuellen Zeiten angespannter öffentlicher Haushalte, verstärkt rechtfertigen.

5.4.1 Entstehung und Auftrag der Werkstätten für behinderte Menschen

Im Anbetracht der Grausamkeiten, die an den Menschen mit Behinderung im Dritten Reich begangen wurden, war die Einrichtung von Werkstätten für behinderte Menschen eine wichtige sozialpolitische Leistung, welche Menschen mit Behinderung existenziell absichern und ihnen eine Teilhabe am gesellschaftlichem Leben gewährleisten sollte. Die Entwicklung der Werkstätten für behinderte Menschen begann somit erst nach dem zweiten Weltkrieg (vgl. KNAPP 2006, S. 1). Ende der 1950er Jahre wurden die ersten Vorgänger der WfbM in Deutschland durch Elterninitiativen, u. a. der Lebenshilfe gegründet. Dabei ging es primär darum, jungen Menschen mit einer geistigen Behinderung nach Schulabschluss eine berufliche Tätigkeit anbieten zu können (vgl. BRACKHANE 1996, S. 194). Mitte der 1960er wurden WfbM in großer Anzahl in freier oder kirchlicher Trägerschaft aufgebaut. Politisch wurde damit das Ziel eines bundesweiten und bedarfsgerechten Netzes von WfbM verfolgt. Hierfür stellten der Bund und die Länder umfangreiche Haushaltsmittel, vorwiegend Mittel der Ausgleichsabgabe aus dem Ausgleichsfond des Bundesministeriums für Arbeit, bereit. Zunächst liefen diese Einrichtungen unter der Bezeichnung *„Beschützende oder geschützte Werkstätten"* (CRAMER 2006, S. 1). Zu Beginn der 1970er Jahre wurden sie, im Zuge der Entstehung von Berufsbildungswerken (BBW) und Berufsförderungswerken (BFW), gesetzlich in *„Werkstätten für Behinderte (WfB)"* (BRACKHANE 1996, S. 194) umgewandelt und neben BBW und BFW zur dritten Rehabilitationseinrichtung ernannt. Seit dem 01.07.2001 tragen sie den Namen *„Werkstätten für behinderte Menschen (WfbM)"* (CRAMER 2006, S. V). Menschen mit Behinderung, die sich in einer WfbM befinden, haben seit dem 01.08.1996 gegenüber dem zuständigen Rehabilitationsträger einen Rechtsanspruch auf die notwendigen Leistungen zur Teilhabe am Arbeitsleben. Dies hat sich auch nicht durch das gesetzliche Eintreten von Hartz IV [17] mit dem SGB XII und SGB II zum 01.01.2005 geändert (vgl. ebd. S. V).

Menschen mit Behinderung erhalten in den WfbM eine adäquate berufliche Förderung, sowie eine arbeitnehmerähnliche berufliche Tätigkeit mit einer leistungsbezogenen Arbeitsprämie. Durch die berufliche Förderung sollen ihre individuellen Fähigkeiten und

---

[17] 4. Gesetz für moderne Dienstleistungen am Arbeitsmarkt vom 24.12.2003 (in Kraft seit 01.01.2005). Arbeitslosenhilfe und Sozialhilfe bilden Arbeitslosengeld II (vgl. RECHTSRAT 2006, S.1).

Leistungen verbessert und ihre Erwerbsfähigkeit stabilisiert, weiterentwickelt, gesteigert oder wiederhergestellt werden. Menschen mit Behinderung erhalten dadurch die Möglichkeit, ihre Persönlichkeit weiter zu entwickeln. Werkstätten für behinderte Menschen sollen befähigte Personen mit Behinderung, durch entsprechende Angebote und Maßnahmen für den Übergang aus der WfbM auf den allgemeinen Arbeitsmarkt, vorbereiten und fördern (vgl. § 136 Abs. 1 SGB IX).

5.4.2 Übergang aus der WfbM auf den allgemeinen Arbeitsmarkt

Seit je her war und ist es die Aufgabe der WfbM, befähigte Menschen mit Behinderung für eine Tätigkeit auf dem allgemeinen Arbeitsmarkt zu qualifizieren. Den Übergang aus der WfbM in das Arbeitsleben bewältigten aber nur sehr wenige Personen. Die WfbM konnte diesbezüglich lange Zeit die sozialpolitischen Erwartungen an sie nicht erfüllen, welche sie als eine Qualifizierungsvorstufe für Menschen mit Behinderung im Übergang auf den allgemeinen Arbeitsmarkt sahen. Folgende ungenügenden Rahmenbedingungen mit rechtlichen und organisatorischen Hindernissen, welche die Planung und Umsetzung von Übergangsmaßnahmen erschwerten, waren ursächlich dafür verantwortlich:

- Das Fehlen eines ganzheitlich angelegten Konzeptes, welches die vorhandenen Angebote zur Beratung, Qualifizierung und Begleitung im Übergang aus der WfbM auf den allgemeinen Arbeitsmarkt miteinander vernetzt.
- Das Fehlen von weiteren Unterstützungsmöglichkeiten wie z.B. Integrationsfachdienste und Integrationsprojekte[18] im ausreichenden Maße und Umfang.
- Notwendigkeit der Zuständigkeitsklärung, bezogen auf die Bundesagentur für Arbeit, bei Vermittlung aus der WfbM heraus.
- Keine klaren Richtlinien für die Beteiligung der Fachausschüsse im Übergang WfbM – allgemeiner Arbeitsmarkt.
- Rentenrechtliche Unklarheiten beim Wechsel aus der WfbM auf den allgemeinen Arbeitsmarkt.
- Die Doppelfunktion der WfbM! Die Ziele einer Rehabilitationseinrichtung decken sich nicht immer mit den Zielen eines wirtschaftlichen Unternehmens. Das Ausscheiden eines behinderten Leistungsträgers kann unter Umständen mit negativen Folgen für die Produktion der WfbM verbunden sein (vgl. DETMAR u. a. 06/2002, S. 6).

---

[18] Integrationsprojekte werden im Sozialgesetzbuch IX als Integrationsunternehmen beschrieben, welche rechtlich und wirtschaftlich selbständig sind und anteilig mindestens 25 % schwerbehinderte Menschen beschäftigen (§§ 132 - 135 SGB IX).

Das Gesetz zur Bekämpfung der Arbeitslosigkeit Schwerbehinderter vom 01.10.2000 bekräftigte im SGB IX nochmals den bestehenden Auftrag der WfbM zur Qualifizierung im Übergang auf den Arbeitsmarkt (vgl. § 136 Abs. 1 SGB IX). Dies stellte für die WfbM eine stärkere Verpflichtung dar. Gleichermaßen zielte das Gesetz durch eine Vielzahl von neuen Regelungen auf die Ausräumung von rechtlichen und organisatorischen Hindernissen (vgl. ebd. S. 6). Folgende Neuregelungen sind zu benennen (vgl. DETMAR u. a. 06/2002, S. 6ff):

Konkretisierung von Angeboten und Maßnahmen im Übergang aus der WfbM auf den allgemeinen Arbeitsmarkt.

Durch die Gestaltung und Umsetzung von individuellen Förderplänen können notwendige Entwicklungsschritte im Übergangsprozess geplant und durchgeführt werden. Die Einrichtung einer speziellen WfbM - Übergangsgruppe mit gesteigerten Leistungsanforderungen und arbeitsmarktähnlichen Rahmenbedingungen kann hier ebenfalls als ein entsprechendes Angebot greifen. Ein unerlässliches Vorbereitungsinstrument sind Praktika in verschiedenen Berufsfeldern und Betrieben des allgemeinen Arbeitsmarktes. Ebenso kann eine längere Tätigkeit auf einem ausgelagerten WfbM – Arbeitsplatz den Übergang in eine Beschäftigung auf dem allgemeinen Arbeitsmarkt vorbereiten (vgl. § 5 Abs. 4 WVO).

Zuständigkeitsklärung

WfbM-Abgänger gehören in den Zuständigkeitsbereich der Bundesagentur für Arbeit (vgl. § 104 SGB IX). Die WfbM muss die Bundesagentur für Arbeit bei der Vermittlung von Personen aus der WfbM auf den allgemeinen Arbeitsmarkt einbeziehen. Gleichermaßen wurden die Eingliederungszuschüsse bei Einstellung schwerbehinderter Menschen aus der WfbM nach § 222 und § 222a SGB III übersichtlicher geregelt.

Einrichtung von Integrationsfachdiensten

Integrationsfachdienste sind seit dem 01.10.2000 gesetzlich verankert. Sie sind nicht nur für arbeitslose oder arbeitsuchende schwerbehinderte Menschen zuständig, sondern begleiten auch Menschen im Übergang aus der WfbM auf den Arbeitsmarkt (vgl. §§ 109 ff SGB IX).

Einrichtung von Integrationsprojekten

Integrationsprojekte, bzw. Integrationsunternehmen können Beschäftigungsmöglichkeiten für Menschen mit Behinderung bieten, welche in der WfbM unterfordert und auf dem allgemeinen Arbeitsmarkt überfordert sind.

Rentenrechtliche Veränderungen

Menschen mit Behinderung erhalten im Normalfall eine Erwerbsunfähigkeitsrente, wenn sie 20 Jahre lang ununterbrochen in einer WfbM gearbeitet haben. Früher verloren Abgänger der WfbM beim Wechsel auf den allgemeinen Arbeitsmarkt ihre Rentenanwartschaften, da sie nicht mehr erwerbsunfähig waren. Für den Fall eines gescheiterten Arbeitsversuches auf dem allgemeinen Arbeitsmarkt und einer Rückkehr in die WfbM gab es daher Regelungsbedarf. Mit der Neufassung des § 43 Abs. 2 SGB VI wurde dieses Hindernis ausgeräumt. Die volle Erwerbsminderung wird durch einen gescheiterten Eingliederungsversuch und der anschließenden Rückkehr in die WfbM nicht unterbrochen. Bei einem Wechsel aus der WfbM in ein Integrationsprojekt, erhält der Betroffene nach § 162 Abs. 1 SGB VI jetzt dieselben hohen Rentenbeitragssätze wie in der WfbM weiter. Diese werden dem Träger des Integrationsprojektes vom Bund erstattet.

Beteiligung des Fachausschusses

Nach Ergänzung des § 5 WVO um Absatz 5 ist es möglich, dass der Fachausschuss im Berufsbildungs- und Arbeitsbereich im Vorfeld bei Maßnahmen im Übergang aus der WfbM auf den allgemeinen Arbeitsmarkt beteiligt wird. In Zusammenarbeit mit dem Träger der WfbM gibt er mindestens jährliche Stellungnahmen darüber ab, welche Menschen mit Behinderung sich im Übergang aus der WfbM auf den allgemeinen Arbeitsmarkt eignen (vgl. DETMAR u. a. 06/2002, S. 6ff).

Wie setzt sich nun die Übergangsquote aus der WfbM zusammen?

Zwischen 1998 und 2000 gab es 545 Übergänge in Deutschland aus den WfbM auf den allgemeinen Arbeitsmarkt. Diese Übergangszahlen gehen hauptsächlich auf WfbM der alten Bundesländer zurück. Für den genannten Zeitraum gab die Hälfte der WfbM bundesweit mindestens einen Übergang auf den allgemeinen Arbeitsmarkt an. Die andere Hälfte konnte keinen einzigen Übergang verzeichnen. Trotzdem ist eine Steigerung der Übergangszahlen zwischen 1998 und 2000 um 71 % zu verzeichnen. Auch die Zahl der WfbM, die mindestens eine Vermittlung auf den allgemeinen Arbeitsmarkt verzeichnen konnten, ist gestiegen. Die Übergangsquoten sind zwar niedrig, doch ein Aufwärtstrend ist zu beobachten. Die Quote ist zwischen 1998 und 2000 gestiegen. Im Jahr 1998 lag sie bei 0,15% und im Jahr 1999 stieg sie auf 0,19%. Im Jahr 2000 erreichte sie dann 0,24%, obwohl im gleichen Jahr knapp zwei Drittel der WfbM eine Übergangsquote von 0% aufwiesen. Dies bedeutet, dass einzelne WfbM höhere Übergangszahlen erreichten, aber die Mehrheit der WfbM keine Übergänge verzeichneten (vgl. DETMAR / KADOKE u. a. 06/2002, S. 31f).

Dieser Sachverhalt macht deutlich, dass viele WfbM noch Schwierigkeiten bei der erfolgreichen Planung und Durchführung von Übergangsmaßnahmen haben und somit noch regionale Umsetzungsprobleme bestehen. Die Sozialdienste der WfbM sehen sich aktuell der Herausforderung einer stetig wachsenden Beschäftigtenzahl gegenüber. Dazu haben sie zusätzliche Aufgaben erhalten, wie z.b. im Bereich der Qualitätssicherung oder der Zertifizierung von Betreuungsleistungen. Deshalb haben die Sozialdienste kaum freie Kapazitäten, um sich um Beschäftigte im Übergang aus der WfbM auf den allgemeinen Arbeitsmarkt zu kümmern (vgl. CARITAS WERKSTÄTTEN 2002, S. 2). Dies ist aber dringend notwendig, damit die geeigneten Bewerber gut vorbereitet sind, um den Schritt auf den allgemeinen Arbeitsmarkt zu bewältigen. Unabhängig von ihrer körperlichen, geistigen oder psychischen Belastbarkeit, sollten die Bewerber über notwendige Arbeitstugenden und soziale Kompetenzen wie u. a. Pünktlichkeit, Zuverlässigkeit, Arbeitsmotivation, Freundlichkeit, Kontaktfähigkeit und Teamfähigkeit verfügen. Hierzu sollten bereits in den WfbM vorbereitende Maßnahmen getroffen werden, wie z.b. Gruppenangebote zur Verbesserung sozialer Kompetenzen. Ergänzend dazu sind Qualifizierungsbausteine notwendig, welche die Bewerber praxisnah in handlungsbezogenen oder handwerklichen Fähigkeiten schulen. Hilfreich wären daher unterschiedliche Kurse zur sicheren Handhabung von Maschinen und Werkzeugen oder eine Unfall- bzw. Hygienebelehrung. Das Absolvieren eines Staplerführerscheines ist in diesem Zusammenhang immer von Vorteil. Zertifikate sollten die Teilnahme an den Kursen bestätigen. Diese könnten dazu benutzt werden, um sie den Bewerbungsunterlagen beizufügen. Das Erproben in verschiedenen Berufsbildern des allgemeinen Arbeitsmarktes mittels unverbindlicher Orientierungspraktika, sollte dem Bewerber im Übergang aus der WfbM eingeräumt werden. Auf der Grundlage dieser Praktika hat er die Möglichkeit, reale Erfahrungen zu machen um danach eigene Entscheidungen treffen zu können.

Aus den schon aufgeführten Gründen können die WfbM diese notwendige Vorbereitung vielfach nicht leisten. Einige WfbM bemühen sich deshalb um die Einrichtung von Modellprojekten, welche sich speziell mit dem Übergang aus der WfbM auf den allgemeinen Arbeitsmarkt beschäftigen. Beispielhaft zu nennen sind folgende Projekte:
Das Modellprojekt „Chance 24" (CHANCE 24 2006, S.1) in Hamburg, welches seit 01.09.2004 – 30.06.2007 aus Mitteln des Europäischen Sozialfonds finanziert wird. Es bietet WfbM Beschäftigten die Möglichkeit, eine Qualifizierung nach § 69 Berufsbildungsgesetz zu absolvieren.

Das Projekt „QUBI – Qualifizierung – Unterstützung – Begleitung – Integration" (PROJEKT QUBI 2006, S. 1) in München, welches seit 01.01.2001 - 31.12.2006 aus Mitteln des Europäischen Sozialfonds finanziert wird. Es strebt die dauerhafte Eingliederung von Menschen mit Behinderung aus der WfbM durch eine zielgerichtete Qualifizierung und Unterstützung im Übergang auf den allgemeinen Arbeitsmarkt an (vgl. ebd. S. 1ff).

Das Projekt „WfB plus" (LWL 2006, S.1) wurde zwischen den Jahren 2000 und 2004 vom Landschaftsverband Westfalen – Lippe gefördert, um schwerbehinderte Menschen, direkt nach der Förderschule oder aus der WfbM heraus, auf den allgemeinen Arbeitsmarkt zu integrieren (vgl. ebd. S.1ff). Dieses Projekt hat bei den beteiligten WfbM zu einer Weiterentwicklung der Integrationsarbeit geführt. Das Thema der Integration aus der WfbM auf den allgemeinen Arbeitsmarkt erlangte durch das Projekt einen höheren Stellenwert. Daher beantragten einige WfbM zur Fortführung dieser Integrationsbemühungen weitere finanzielle Mittel, z.B. aus dem Europäischen Sozialfond.

Hervorzuheben ist auch die Arbeit der „Hamburger Arbeitsassistenz" (HAMBURGER ARBEITSASSISTENZ 2006, S.1). Sie bietet seit 1995 einigen Förderschulabgängern ein unterstütztes und betriebsorientiertes Arbeitstraining an, welches in Kooperation mit den WfbM im Berufsbildungsbereich stattfindet. Innerhalb des zweijährigen Berufsbildungszeitraumes stehen betriebliche Praktika im Vordergrund, so dass der Teilnehmer vorrangig seine Qualifizierung in Betrieben des allgemeinen Arbeitsmarktes erfährt und weniger innerhalb der WfbM. Durch diese Betriebsnähe, vergrößern sich die Eingliederungschancen der einzelnen Teilnehmer (vgl. ebd. S.1f).

5.5 Zusammenfassung

Menschen mit Lernschwierigkeiten fordern ihre Teilhabe am Arbeitsleben! Sie verfügen über berufliche Qualifikationen und Erfahrungen, sind leistungsbereit und möchten eine Chance, um sich zu beweisen. Eine Beschäftigung auf dem allgemeinen Arbeitsmarkt gelingt jedoch nicht jedem. Oftmals machen sich Arbeitgeber ein falsches Bild von Menschen mit Lernschwierigkeiten und sehen von einer Einstellung ab. Nach dem Schulabschluss müssen Menschen mit Lernschwierigkeiten Wahlmöglichkeiten eingeräumt werden. Der Weg in die WfbM sollte dabei nur eine von vielen Möglichkeiten darstellen. Doch im Übergang aus der Schule in den Beruf gibt es viele verschiedene Kostenträger und Zugangsvoraussetzungen. „Deutschland hat ein hoch spezialisiertes, aber weitgehend separates System der beruflichen Rehabilitation ausgebildet. Eine Vision für die Zukunft könnte sein, diese Strukturen zwar nicht abzuschaffen (…) aber weiterzuentwickeln durch Individualisierung, Öffnung und Vernetzung" (ELLGER-RÜTTGARDT 1997, S. 3).

Die nachschulische Situation behinderter Menschen ist unübersichtlich und kann zu rechtlichen Überschneidungen und Fehlinformationen führen. Für nicht sachkundige Personen, wie z.B. Eltern und Schüler, kann dies frustrierend sein und zu Konflikten mit Behörden führen. Eine wichtige Unterstützung zur individuellen beruflichen Begleitung von Menschen mit Behinderung wird von Integrationsfachdiensten geleistet.

6 INTEGRATIONSFACHDIENSTE (IFD)

Integrationsfachdienste sind Dienste, welche einen großen Beitrag bei der individuellen Unterstützung und Eingliederung von Menschen mit einer Behinderung auf den allgemeinen Arbeitmarkt leisten. Sie sind bei der Suche nach einem geeigneten Erwerbsarbeitsplatz behilflich und bieten eine Begleitung bei bestehenden Arbeitsverhältnissen an. IFD befinden sich in freier Trägerschaft und werden von unterschiedlichen Kostenträgern beauftragt, Maßnahmen zur Teilhabe am Arbeitsleben für schwerbehinderte Menschen durchzuführen (vgl. §109 Abs.1 SGB IX).

6.1 Entstehung des IFD

Die Integrationsämter[19] richteten Ende der 70er Jahre zur Sicherung bestehender Arbeitsverhältnisse schwerbehinderter Menschen Psychosoziale Fachdienste (PSFD) ein. Diese Dienste beschäftigen sich im Laufe der Zeit immer mehr mit der Wiedereingliederung der betreuten Personen (vgl. BARLSEN u. a. 1999, S. 35). Aus diesem Grund wurden Ende der 80er / Anfang der 90er Jahre Modellprojekte von den Integrationsämtern eingerichtet. Diese wissenschaftlich begleiteten Projekte für Integration (PI) hatten zunächst die Aufgabe, psychisch behinderte Menschen auf den allgemeinen Arbeitsmarkt zu integrieren. Später kamen Modellprojekte für Menschen mit Lernschwierigkeiten dazu. Ende 1997 finanzierten die Integrationsämter schon 127 Integrationsdienste in der gesamten Bundesrepublik Deutschland. Trotzdem konnte zu diesem Zeitpunkt von einer flächendeckenden Versorgung durch Integrationsfachdienste noch nicht gesprochen werden.

Unabhängig davon ging von den abgebenden Einrichtungen, wie z.B. den Werkstätten für behinderte Menschen, Sonderschulen oder Berufsbildungswerken eine Weiterentwicklung aus. Sie richteten ebenfalls Fachdienste ein, um die Abgänger mit Lernschwierigkeiten im Übergang auf den allgemeinen Arbeitsmarkt zu begleiteten (vgl. ebd. S. 36).

Mitte 1998 strebte das Bundesministerium für Arbeit und Sozialordnung (BMA) in einem Modellvorhaben an, jeweils einen Fachdienst pro Bundesland zur Integration behinderter Menschen aufzubauen. Die 16 Bundesmodelle liefen bis Ende 2001. Sie waren behinderungsübergreifend konzipiert und setzten ihren Schwerpunkt auf arbeitslose schwerbehinderte Personen (vgl. ERNST 10/98, S. 6-8).

---

[19] Früher Hauptfürsorgestellen.

Die bestehenden Dienste wurden im Zuge der Novellierung des Schwerbehinderten-gesetzes und des in Kraft treten des Gesetzes zur Bekämpfung der Arbeitslosigkeit Schwerbehinderter zum 01. Oktober 2000 erstmals gesetzlich verankert und zum 01.Juli 2001 in den zweiten Teil des Sozialgesetzbuches IX (SGB IX) eingegliedert. Unter dem Namen Integrationsfachdienste, wurden erstmals alle Dienste zusammengefasst. Die IFD verfolgten anschließend im Sinne der Kampagne des Bundesministeriums für Arbeit und Sozialordnung das Ziel, bis zum Oktober 2002 bundesweit rund 50.000 Menschen mit Behinderung in Arbeit zu vermitteln, bzw. die Zahl der schwerbehinderten Arbeitslosen um 50.000 zu senken (vgl. BIH / BUNDESAGENTUR FÜR ARBEIT 1/2003 S. 2). Die Struk-turverantwortung zum flächendeckenden Aufbau der IFD lag bis zum 31.12.2004 in der Hand der Bundesagentur für Arbeit. Die Beauftragung und Finanzierung der IFD durch die Arbeitsagenturen war bis Ende 2004 mittels einer bundesweiten Mustervereinbarung ver-traglich geregelt (vgl. § 111 Abs. 4 SGB IX).

Heute gibt es bundesweit 450 Integrationsfachdienste. Pro Arbeitsamtsbezirk wurde min-destens ein Integrationsfachdienst eingerichtet. Im Jahr 2004 wurden bundesweit ca. 52.000 Menschen mit einer Schwerbehinderung, im Auftrag der Integrationsämter im Rahmen der begleitenden Hilfen im Arbeitsleben, an ihrem Arbeitsplatz unterstützt. In 85 Prozent der Fälle konnte der IFD Beschäftigungsverhältnisse stabilisieren und somit eine Kündigung abwenden. Im gleichen Zeitraum wurden 7200 Personen in eine Beschäfti-gung auf den allgemeinen Arbeitsmarkt vermittelt (vgl. BIH / BUNDESAGENTUR FÜR ARBEIT 3/2005, S.10). Im Zuge des Gesetzes zur Verbesserung der Ausbildungs- und Beschäftigungssituation schwerbehinderter Menschen, ging die Strukturverantwortung für die IFD zum 01.01.2005 von der Bundesagentur für Arbeit auf die Integrationsämter über. Sie sind damit für die Bereitstellung des Dienstleistungsangebotes verantwortlich und si-chern einheitliche Standards in der Datendokumentation, Qualitätssicherung, Finanzie-rung und flächendeckenden Einrichtung der IFD. Die überwiegende Zahl der Integrations-ämter stellt das gesamte Angebot der IFD über eine Vorfinanzierung sicher. Zur Refinanzierung werden mit den Rehabilitationsträgern[20] Kostensätze vereinbart, die bei Inanspruchnahme des Dienstleistungsangebotes eines Integrationsfachdienstes zu zah-len sind (vgl. ebd. S.11).

---

[20] Rehabilitationsträger der Teilhabe am Arbeitsleben: gesetzliche Krankenkassen, Bundesagentur für Arbeit, Träger der gesetzlichen Unfallversicherung, gesetzliche Rentenversicherung, Kriegsopferversorgung, öffent-lichen Jugendhilfe, Sozialhilfe.

6.2 Aufgaben des IFD

Zur Kernaufgabe der IFD gehört, Menschen mit einer anerkannten Schwerbehinderung zu unterstützen und ihnen eine Teilhabe am Arbeitsleben zu ermöglichen. Diese umfasst eine Unterstützung innerhalb der Suche nach einem Erwerbsarbeitsplatz auf dem allgemeinen Arbeitsmarkt, sowie eine Begleitung und Sicherung innerhalb der Beschäftigung. Die Umsetzung dieser Kernaufgabe umfasst folgende Elemente:

Menschen mit einer anerkannten Schwerbehinderung werden beraten und bei der Erlangung eines passgenau geeigneten Arbeitsplatzes durch den IFD unterstützt. Dazu gehören, die Durchführung einer individuellen Analyse der Fähigkeiten, Leistungen und Interessen des Menschen mit einer Behinderung und eine enge Kooperation mit Bezugspersonen aus Schule, Beruf und persönlichem Umfeld. Rücksprachen mit den Kostenträgern sind verpflichtend durchzuführen. Die Bewerber werden anschließend vom IFD auf einen geeigneten Arbeitsplatz vorbereitet. Dies geschieht in der Regel über ein vorheriges Praktikum, in dem der IFD den Bewerber am Arbeitsplatz begleitet und je nach Bedarf bei der Einübung praktischer Tätigkeiten am Arbeitsplatz behilflich ist. Nach einer erfolgreichen Vermittlung in eine sozialversicherungspflichtige Beschäftigung betreut der IFD das geschlossene Arbeitsverhältnis nach, führt eine psychosoziale Begleitung durch und interveniert in Krisensituationen am Arbeitsplatz. In diesem Rahmen ist es dem IFD ebenfalls möglich, geschlossene Ausbildungsverhältnisse von lernbehinderten oder psychisch beeinträchtigten schwerbehinderten Personen zu begleiten.

Die Arbeitgeber werden im gesamten Prozess der betrieblichen Integration vom IFD beraten. Er steht ihnen als eine unbürokratische Hilfe bei der Abwicklung formaler Elemente, z.B. der Initiierung von Förderleistungen zur Verfügung. In Kooperation mit den zuständigen Rehabilitationsträgern und dem Integrationsamt klärt der IFD die notwendigen Förderleistungen und hilft bei dessen Antragstellung. Im Betrieb betreibt der IFD u. a. Überzeugungs- und Aufklärungsarbeit bezüglich einer Einstellung oder der Auswirkungen einer Behinderung. Die zuständigen betrieblichen Ansprechpartner werden über die Behinderungsart und über das Ausmaß der Behinderung informiert. Der IFD informiert den Betrieb darüber, was möglicherweise während der Einarbeitungsphase oder im Kontakt zum Menschen mit Behinderung zu beachten ist (vgl. §110 SGB IX).

6.3 Der Personenkreis des IFD

Der Personenkreis für den der IFD tätig werden kann wird im SGB IX genau beschrieben: Personen mit einer Schwerbehinderung können den IFD nutzen, wenn sie einen besonderen Bedarf an Begleitung und Betreuung am Arbeitsplatz benötigen. Dieser Bedarf ist bei

Menschen mit einer Schwerbehinderung gegeben, deren Behinderung im geistigen oder psychischen Bereich liegt. Er ist auch zuständig für Menschen, die von einer schweren Körperbehinderung, einer Sinnes- oder Mehrfachbehinderung betroffen sind und bei denen sich die Behinderung allein oder mit zusätzlichen Integrationserschwernissen negativ auf die Chancen einer beruflichen Integration auswirkt. Die Integration kann durch ein fortgeschrittenes Alter, eine lange Arbeitslosigkeit, eine verminderte Belastbarkeit oder das Fehlen von Bildungs- und Qualifizierungselementen zusätzlich erschwert sein. Die IFD beschäftigen sich gleichermaßen mit schwerbehinderten Menschen, welche im Übergang aus den Werkstätten für behinderte Menschen auf den allgemeinen Arbeitsmarkt eine individuelle Arbeitsbegleitung benötigen und mit schwerbehinderten Schulabgängern, welche einer Unterstützung im Übergang aus der Schule ins Arbeitsleben bedürfen (vgl. § 109 SGB IX).

6.4 Arbeitsweise der IFD

Die Grundlage für die Arbeitsweise der Integrationsfachdienste bezieht sich auf das Konzept der **Unterstützten Beschäftigung** *„Supported Employment"* (Junker 03/1998, S.12) aus den USA. Das Konzept wurde 1984 in den USA zum ersten Mal gesetzlich definiert und 1987 als ein Programmpunkt der staatlichen Rehabilitationsleistungen im Gesetz verankert. Das Modell Unterstützte Beschäftigung entwickelte sich in den USA, wie auch in Deutschland aus der Diskussion um die schulische Integration von Schülern mit einer Behinderung und ihre gleichberechtigte Teilhabe im Arbeitsleben, welche u. a. von Elterninitiativen gefordert wurde. Das Konzept aus den USA schließt Personen mit schweren Behinderungen mit ein. Es geht davon aus, dass niemand zu behindert ist, um auf dem allgemeinen Arbeitsmarkt arbeiten zu können. In seiner Umsetzung wird die Vermittlung von Menschen mit Behinderung in bezahlte reguläre Arbeitsverhältnisse unterstützt. Für den Betroffenen soll die Möglichkeit geschaffen werden, Kontakte zu nicht behinderten Menschen am Arbeitsplatz herstellen zu können. Dabei ist eine Begleitung und Unterstützung auf einen langen Zeitraum ausgelegt. In Deutschland und Europa wurde der amerikanische Ansatz als Vorbild für die berufliche Integration anfänglich nur für Menschen geistigen Beeinträchtigungen angesehen. Die Integrationsfachdienste in Deutschland übernahmen inhaltlich aus dem Modell der Unterstützten Beschäftigung die Form der individuellen Begleitung am Einzelarbeitsplatz, an dem der Betroffene durch einen Arbeitstrainer, auch Job Coach genannt, angeleitet und begleitet wird (vgl. ebd. S.12f). Die Unterstützte Beschäftigung sieht in der Entstehung der Integrationsfachdienste in Deutschland, die Umsetzung des Konzeptes auf der institutionellen Ebene. Unterstützte Beschäftigung etablierte sich im Laufe der Zeit als eine Methode, die sich im Allgemeinen für die Integration von Menschen mit Behinderung und von Menschen mit sozialen Benachteiligungen eignet. Elemente des Konzeptes sind daher in der gesetzlichen Aufgabenbeschreibung für die Integrationsfachdienste wieder zu finden. Eine Weiterentwicklung zu mehr Professionalität konnte beobachtet werden. Obwohl Konzepte zur Qualitätssicherung und Qualitätsentwicklung in verschiedenen Modellprojekten wie z.B. „MUQ"[21], „Kassys"[22] oder „QUIP"[23] (DOOSE 2005, S. 4) erarbeitet wurden gibt es bislang noch kein bundeseinheitliches Qualitätsmanagementkonzept für die IFD.

Menschen mit einer Behinderung kommen aus unterschiedlichen Situationen auf den IFD zu. Integrationsberater sind im Begleitungsprozess auf den einzelnen Menschen konzentriert und befinden sich mit ihm in einem Austauschprozess über seine Fähigkeiten, beruflichen Kenntnissen und Vorstellungen sowie Problemlagen. Bezogen auf die Erreichung einer Teilhabe am Arbeitsleben, geht der IFD strukturiert und zielorientiert im Sinne eines Case Management vor. *„Case Management bezeichnet eine differenzierte aufgabenbezogene Verfahrensweise in Humandiensten. Case Management ist dazu da, eine vielseitige Problematik möglichst rationell mit verfügbaren Ressourcen (...) zu bewältigen. Angestrebt wird eine kontinuierliche, integrierte Bearbeitung einer person- und situationsbezogenen Problemstellung auf ausgemachte Ziele hin. Nicht der Mensch wird 'gemanagt', sondern ein Handeln miteinander, das auf die Bewältigung und Besserung einer Lebenslage bzw. auf Daseinserweiterung gerichtet ist"* (BAG – UB 10/2000, S. 40).

Das angewandte Prozessverfahren lässt sich im Sinne der Unterstützten Beschäftigung allgemein wie folgt beschreiben:

Phase des Erstkontaktes:

Diese Phase ermöglicht dem Hilfesuchenden einen niedrigschwelligen Zugang zum IFD. Im Erstgespräch werden elementare Informationen über den Klienten eingeholt und das Angebot des IFD' s wird dem Bewerber erläutert. Die Zuständigkeit des IFD' s wird geklärt und der zuständige Kostenträger wird gesucht.

Phase des Betreuungsbeginns:

Diese Phase beschäftigt sich mit der Aufnahme der Betreuung, sowie einer umfangreichen Erarbeitung eines Profils, welches die Interessen, Fähigkeiten und Berufserfahrun-

---

[21] MUQ = Modulsystem Umfassendes Qualitätsmanagement, Universität Münster (vgl. BUNGART / SUPE / WILLEMS 2001).
[22] KASSYS = Kasseler – Systemhaus (vgl. BIH u. BUNDESAGENTUR FÜR ARBEIT 09/2006).
[23] QUIP = Qualitiy in Practice 2000-2002, Österreichisches Projekt (vgl. STADLER-VIDA / GIEDENBACHER / STRÜMPEL 2002).

gen des Bewerbers erhebt. Der Bewerber wird bei der Erstellung von Bewerbungsunterlagen unterstützt. Erste zielorientierte Absprachen werden getroffen.

Phase der Vorbereitung auf eine Maßnahme auf dem allgemeinen Arbeitsmarkt:
In dieser Phase wird gezielt nach einer geeigneten Maßnahme auf dem allgemeinen Arbeitsmarkt gesucht. Der Integrationsberater berät dabei den Arbeitgeber und gibt erste Informationen über den Bewerber weiter. Ein Anforderungsprofil über den Arbeitsplatz wird von ihm erstellt und mit dem Fähigkeitsprofil des Bewerbers verglichen. Der Bewerber wird im Vorstellungsgespräch begleitet und der IFD initiiert ein Praktikum. Der Integrationsberater klärt die Voraussetzungen und Formalitäten für das Praktikum mit dem jeweiligen Kostenträger.

Phase der Begleitung:
Der Integrationsberater orientiert sich innerhalb der Begleitung des Bewerbers am Arbeitsplatz an seinem individuellen Bedarf. Er steht in dieser Zeit dem betrieblichen Anleiter und dem Bewerber als Ansprechpartner zur Verfügung. Er gibt dem Bewerber die Möglichkeiten zur Reflexion, beobachtet den Eingliederungsprozess und ist behilflich bei der Erarbeitung von konkreten Lösungen. Über den Integrationsberater werden Informationen an den Arbeitgeber zu eventuellen finanziellen Fördermöglichkeiten bei einer Einstellung weitergegeben.

Phase der Nachbetreuung:
Diese Phase umfasst die Nachsorge des vermittelten Arbeitsverhältnisses über die Probezeit hinaus. Psychosoziale Maßnahmen werden vom Integrationsberater zur Sicherung des Beschäftigungsverhältnisses ergriffen (vgl. KLINKENBUSCH 2001; S. 164f).

6.5 Auftraggeber und Finanzierung im IFD

Die Auftraggeber der Integrationsfachdienste sind die Integrationsämter oder die Rehabilitationsträger, welche für die Ausführung der Dienstleistung die Verantwortung tragen. Einzelheiten, wie z. B. die Beauftragungsart, der Umfang des Einsatzes, sowie die Einschaltungsdauer und die Betreuungspauschale werden im Einschaltungsauftrag für den Fachdienst bestimmt (vgl. § 111 SGB IX). Der IFD wird im Einzelfall direkt durch den zuständigen Rehabilitationsträger beauftragt. Die geschieht auf Grundlage der gemeinsamen Empfehlungen zur Beauftragung und Finanzierung der IFD durch die Rehabilitationsträger, welche von der Bundesarbeitsgemeinschaft der Integrationsämter mit den Rehabilitationsträgern erarbeitet wurde. Darin sind u. a. monatliche Betreuungssätze für die Bereiche der Begleitung im Beruf und dem Bereich der Vermittlung, sowie Prämien im Falle einer erfolgreichen Integration in ein Beschäftigungsverhältnis aufgeführt (vgl. §113 SGB IX). Eine große Gruppe von Menschen mit einer Schwerbehinderung steht im Bezug von Arbeitslosengeld I oder II. Diese wendet sich seit Januar 2005 mit einem Vermittlungsgutschein ihres Leistungsträgers an den IFD. Dieser Gutschein kann nur bei einer erfolgreichen Integration auf den allgemeinen Arbeitsmarkt in Höhe von bis zu 2000 € vom IFD eingelöst werden. Die gesetzlichen Grundlagen hierfür finden sich im § 421 SGB III und im § 16 SGB II.

6.6 Zusammenfassung

Grundsätzlich sieht der IFD Menschen mit Behinderung aus einer ganzheitlichen Perspektive heraus wobei er versucht, die Lebens- oder Arbeitszusammenhänge der Betroffenen mit zu berücksichtigen. Integrationsfachdienste eröffnen Menschen mit einer Behinderung daher individuelle berufliche Wege. Sie unterstützen diese innerhalb ihrer Selbstbestimmung, sowie in ihrer beruflichen und gesellschaftlichen Teilhabe. IFD sind in Übergängen aus der Arbeitslosigkeit, aus der Schule und aus der WfbM auf den allgemeinen Arbeitsmarkt tätig und sichern bestehende Arbeitsverhältnisse behinderter Menschen. Vorrangig wenden sich anerkannt schwerbehinderte Menschen mit einem Vermittlungsgutschein an den IFD. Dieser wurde kürzlich als Instrument zur Förderung des Arbeitsmarktes bis zum 31.12.2007 weiter verlängert (vgl. AUS – PORTAL 2006, S. 1). Doch der Vermittlungsgutschein stellt für den IFD nur im Erfolgsfall eine Refinanzierung dar. Auf Dauer ist er für die IFD kein geeignetes Instrument zur Sicherstellung ihrer integrativen Arbeit.

7 MENSCHEN MIT LERNSCHWIERIGKEITEN UND IHR PERSÖNLICHES ERLEBEN DER SOZIALEN INTEGRATION NACH DEM ÜBERGANG AUS DER WFBM AUF DEN ALLGEMEINEN ARBEITSMARKT

Im folgenden Kapitel wird zunächst die Denkweise der Qualitativen Sozialforschung vorgestellt um die Forschungsgrundlage diese Arbeit zu verdeutlichen. Daran schließt sich die Beschreibung des Forschungsdesign an. Der Untersuchungszweck wird, auf die Soziale Arbeit bezogen vorgestellt. Die durchgeführte Untersuchung, wird mittels Nennung der verwendeten Methode, der Beschreibung der Teilnehmer, bzw. der Bedingungen und der Durchführung beschrieben.

7.1 Vorteile der qualitativen Sozialforschung im Bezug zur Fragestellung

Das qualitative Denken ist für die vorliegende Untersuchung im besonderen Maße geeignet. Vorteilhaft hierbei ist, dass der Mensch im Mittelpunkt der Untersuchung steht, die Methoden im alltäglichen Umfeld der Person umgesetzt werden können und auch mit kleineren Fallzahlen gearbeitet werden kann. Dadurch kann die soziale Situation und Zufriedenheit des Untersuchungsgegenstandes erhoben werden.

„Qualitative Methoden können verstehen helfen, was hinter wenig bekannten Phänomenen liegt. Sie können benutzt werden, um überraschende und neuartige Erkenntnisse über Dinge zu erlangen, über die schon eine Menge Wissen besteht. Darüber hinaus können qualitative Methoden Aufschluss geben über verwickelte Details von Phänomenen, die mit quantitativen Methoden schwierig aufzuzeigen sind" (STRAUSS 1996, S. 5).

Qualitatives Forschen und Denken setzt sich, im Gegensatz zu quantitativen Denken, in Deutschland seit den 1970er Jahren immer mehr durch und führt zu tiefgehenden Veränderungen in der Sozialwissenschaft (vgl. MAYRING 1996, S.1). *„Unter dem Stichwort 'Qualitative Sozialforschung' sammeln sich vor allem soziologische (…), aber auch erziehungswissenschaftliche (…) Ansätze"* (MAYRING 1996, S. 1).

Die qualitative Forschung kritisiert an den reinen quantitativen Erhebungen, dass dessen vorgegebene Methoden den Menschen austesten, vermessen und experimentell untersuchen, ohne den Menschen in seiner gesamten Qualität zu erfassen. Es handelt sich um Verfahren, bei denen die Teilnehmer nicht frei zur Sprache kommen, sondern auf gleichförmige Vorgaben, wie z.B. Ankreuzverfahren festgelegt werden (ebd. S. 1). In dieser Arbeit wird somit nicht weiter auf die quantitative Sozialforschung eingegangen.

MEYRING räumt ein, dass qualitative und quantitative Denkstrukturen in jeder For-
schungsarbeit gepaart enthalten sind, der qualitativen Forschung jedoch bisher zu wenig
Bedeutung beigemessen wurde (ebd. S. 9). Die qualitative Sozialforschung eignet sich
besonders zur Beschreibung von sozialen Handlungen in alltäglichen Verhaltensbezügen
und setzt direkt am Menschen an. Sie versucht sich ihren Testteilnehmern mit offenen
Fragestellungen und Gesprächen, sowie unstrukturierten Beobachtungsansätzen innerhalb des sozialen Umfeldes der Person zu nähern (ebd. S. 1).

MAYRING (1996, S. 9-13) definiert folgende fünf Grundsätze für qualitatives Denken:

1. Subjektbezogenheit:

Menschen, bzw. Subjekte sind in der Humanwissenschaft immer Gegenstand der Forschung. Sie sind damit Startpunkt und Endziel der Untersuchung (ebd. S. 9).

2. Deskription, bzw. Beschreibung:

Der Gegenstandsbereich muss am Anfang jeder Analyse präzise und umfangreich beschrieben werden (ebd. S. 11).

3. Interpretation:

Der Gegenstand der Untersuchung offenbart sich nie völlig, sondern muss durch Interpretation ergründet werden. Die Interpretation gilt im besonderen Umfang dort, wo verbale
Materialien untersucht werden sollen. In diesem Zusammenhang kann es sich um die
Auswertung von Schriftstücken, Interviewmaterial oder Material aus Fragebogenaktionen
handeln. (ebd. S. 11f).

4. Alltägliche Umgebung:

Humanwissenschaftliche Erscheinungen sind stark von der Situation abhängig. Realitäts-
verzerrungen sollen vermieden werden. Deshalb sollten die Gegenstände hauptsächlich
in ihrer naturgegebenen Alltagsumgebung untersucht werden (ebd. S.12).

5. Verallgemeinerbarkeit:

Die Resultate der Untersuchung müssen auf den Einzelfall bezogen sein. Eine Verallgemeinerbarkeit der Ergebnisse ist kein automatischer Prozess. Ohne fundierte Argumente
kann im Einzelfall nicht verallgemeinert werden. Verallgemeinerungen müssen somit immer aus dem einzelnen Fall heraus explizit begründet werden. Dabei müssen Gründe dafür gefunden werden, warum die gefundenen Resultate auch für andere situationsabhän-
gige und zeitliche Zusammenhänge gelten sollen. Diese Gründe spielen eine große Rolle,
da die qualitative Forschung sich oft mit kleinen Fallzahlen beschäftigt und somit oftmals
spezielle Probleme bei der Verallgemeinerbarkeit hat (ebd. S. 12f). Auf die von MAYRING
aus diesen fünf Grundlagen differenzierten 13 Säulen wird an dieser Stelle nicht weiter
eingegangen.

7.2 Die Einzelfallanalyse als verwendetes Forschungsdesign

„Der Untersuchungsplan (...) unter dem Begriff ‚design' bekannt, (...) umfasst auf formaler Ebene Untersuchungsziel und -ablauf, er 'stellt als Rahmenbedingungen Regeln auf, die die Kommunikationsmöglichkeiten zwischen Proband und Forscher wesentlich bestimmen'" (HAUSSER, zit. n. MAYRING 1996, S. 27).

Eine Einzelfallanalyse ist bestrebt, den individuellen Menschen in seinen konkreten Lebenszusammenhängen zu verstehen und seine Einzigartigkeit zu ergründen. Dabei ist die Fallanalyse nicht nur auf einzelne Fälle festgelegt. Die Untersuchung von Individualität kann sich gleichermaßen auf vielschichtige Sozialsysteme beziehen, wie z.b. die Familie oder eine gesellschaftliche Untergruppe. Die Fallanalyse erhebt den Fall in seiner gesamten Konstellation und innerhalb des Zusammenspieles der verschiedenen Bereiche des Lebens. Dabei berücksichtigt sie die Ganzheitlichkeit des Menschen, sowie seine biographischen Hintergründe. Die Fallanalyse ist hilfreich bei der Suche nach Einfluss nehmende Faktoren und bei der Beschreibung von Lebenszusammenhängen (vgl. MAYRING 1996, S. 28). Für diese Studie wurde die Einzelfallanalyse als Forschungsdesign genutzt, da mit ihrer Hilfe eine gesellschaftliche Teilgruppe untersucht werden soll. Die Fallanalyse bezieht sich dabei konkret auf die Personengruppe mit Behinderung im speziellen auf Menschen mit Lernschwierigkeiten aus der WfbM nach einer Integration auf den allgemeinen Arbeitsmarkt. Die Fallanalyse geht grob planerisch nach folgendem Ablauf vor:

1. Formulierung der Fragestellung:

Wie erleben Menschen mit Lernschwierigkeiten ihre soziale Integration nach einem Wechsel aus der WfbM auf den allgemeinen Arbeitsmarkt?

2. Die Falldefinition:

Als Untersuchungsfall gelten Menschen mit Lernschwierigkeiten, welche erfolgreich den Übergang aus der WfbM auf den allgemeinen Arbeitsmarkt bewältigt haben. Zusätzlich befinden sie sich aktuell in Beschäftigungsverhältnissen und verfügen über langjährige Berufserfahrung auf dem allgemeinen Arbeitsmarkt.

3. Die Methodenbestimmung:

Als Methode wird das problemzentrierte Interview ausgewählt.

4. Die Aufbereitung des Materials:

Das sprachliche Interviewmaterial wird gesammelt, auf Tonband festgehalten und anschließend wortwörtlich transkribiert. Das Datenmaterial wird im Sinne des Datenschutzes vertraulich behandelt und ausschließlich der Fachhochschule Bielefeld zur Verfügung gestellt. Die Interviewpartner werden in der schriftlichen Ausführung der Interviews nur mit dem Anfangsbuchstaben ihres Vornamens benannt. Die Namen der Betriebe werden entweder abgekürzt oder verallgemeinert. Die Transkription wird in folgender Weise kommentiert:

(..)	= kurze Pause.
(Pause)	= lange Pause.
(.)	= Stimme wird gesenkt.
(')	= Stimme wird gehoben.
(sicher)	= Betonung ist selbstsicher und auffällig.
(Lachen)	= Heiterer Gefühlsausdruck.
(Zustimmung)	= Gehoben betonte Äußerungen z. B. bei „mhm" Äußerungen, die eine Zustimmung signalisieren sollen.

5. Die Einordnung des Falls:

Die soziale Situation eines Falles, nach einer Vermittlung aus der WfbM auf den allgemeinen Arbeitsmarkt, wird mit anderen Fällen verglichen. Zusammenhänge und Unterschiede werden analysiert. Inwieweit sind diese Personen sozial in die Gesellschaft integriert? Welche Konsequenzen ergeben sich aus der Untersuchung für die Soziale Arbeit (MAYRING 1996, S. 29f)?

7.3 Der Untersuchungszweck im Kontext Sozialer Arbeit

„Das wichtigste Charakteristikum Sozialer Arbeit lässt sich von ihrem Gegenstand her bestimmen: Menschen als Mitglieder von sozialen (Teil-)Systemen mit mehrfachen, sich überlagernden und gegenseitig verstärkenden Ausstattungs-, Austausch-, Macht- und Kriterienproblematiken, die sie aufgrund der ihnen zur Verfügung stehenden Ressourcen nicht selber zu lösen vermögen. Der gesellschaftliche 'Ort' der Sozialen Arbeit ist also der Bereich kumulativer sozialer Probleme und damit die gesellschaftliche Peripherie" (STAUB – BERNASCONI 1994, S. 55).

Eine von vielen Arbeitsformen der Sozialen Arbeit bezieht sich auf die Förderung der gesellschaftlichen Teilhabe und die Entwicklung von handlungsbezogene Kompetenzen. Ziel dabei ist es, die handlungsbezogenen Kompetenzen auszuweiten, zu differenzieren und in den Alltag zu integrieren. Die Chancen und Mitbestimmungsrechte zur Teilhabe in verschieden großen sozialen Systemen sollen verbessert werden (vgl. ebd. S. 67).

Seit vielen Jahren wird daher für die Integration von Menschen mit Behinderung gekämpft und gleichermaßen die berufliche Eingliederung angestrebt. Es gibt somit Menschen mit Lernschwierigkeiten, welche seit vielen Jahren erfolgreich auf dem allgemeinen Arbeitsmarkt arbeiten und ihr soziales Leben neu gestaltet haben! Aber Leben und Arbeiten diese Personen nach ihrem Wechsel aus der WfbM eher isoliert oder fühlen sie sich sozial anerkannt? Sind sie im Allgemeinen zufrieden oder möchten sie viel lieber wieder zurück in die WfbM gehen? Bei allen Integrationsbestrebungen der Sozialen Arbeit dürfen die Bedürfnisse der Betroffenen im Sinne von Selbstbestimmung und Selbstentfaltung nicht außer Acht gelassen werden. Im Kontakt mit Menschen mit Lernschwierigkeiten ist es deshalb wichtig, sich mit ihren Lebenszusammenhängen und –zielen zu beschäftigen, sie zu verstehen aber nicht zu beeinflussen. Es geht eher darum zu erfahren, wie sich die Betroffenen in ihrem Privat- und Arbeitsleben fühlen, wie sie sich ihr Leben vorstellen und wie sie über ihr Leben denken. Mit der vorliegenden Studie soll wissenschaftlich untersucht werden, wie Menschen mit Lernschwierigkeiten ihre soziale Integration nach einem Wechsel aus der WfbM auf den allgemeinen Arbeitsmarkt erleben und welche Konsequenzen sich daraus für die Soziale Arbeit ergeben. Die Soziale Arbeit kann sich in diesem Zusammenhang verschiedene Fragen stellen: Wie kann die Soziale Arbeit auf den Wandel der Arbeitswelt reagieren? Wie kann sie weiterhin Beschäftigungsnischen für Menschen mit Lernschwierigkeiten finden? Wie können Menschen mit Lernschwierigkeiten noch besser auf den allgemeinen Arbeitsmarkt vorbereitet werden? Wie können Rahmenbedingungen, sowie Netzwerkarbeit für das Ziel der Integration verbessert werden? Reichen die finanziellen und zeitlichen Ressourcen derzeit aus, um einer größeren Zahl von Menschen mit Lernschwierigkeiten eine Unterstützung innerhalb der beruflichen Integration zu gewährleisten? Wie kann die soziale Integration von Menschen mit Lernschwierigkeiten noch verbessert werden?

7.4 Die Untersuchungsmethode

Das problemzentrierte Interview dient in diesem Buch als Verfahren zur Erhebung von Forschungsmaterial. Es nutzt den sprachlichen Zugangsweg um Fragen, die sich auf subjektive Hintergründe beziehen und vom Menschen, bzw. Subjekt selbst geäußert werden, zu erheben. Diese Interviewform ist offen und teilstrukturiert. Offenheit ist dabei sehr wichtig, sowie das Schaffen einer vertraulichen Situation zwischen Interviewer und Interviewpartner. Der Gesprächsteilnehmer kann sich frei äußern und ist Gegenstand der Untersuchung. Das Gespräch ist auf ein bestimmtes gesellschaftliches Problem konzentriert, das durch den Interviewer eingebracht wird. Der Interviewer hat sich schon vorab mit dieser Problemstellung objektiv befasst und einen Gesprächsleitfaden erstellt, welchen er im

Interview verwendet. Das Gespräch wird zwar durch den Leitfaden gelenkt, alle Antwortmöglichkeiten sind aber offen und werden nicht vorgegeben. (vgl. MAYRING 1996 S. 49ff). Der Interviewleitfaden soll gewährleisten, dass nach Möglichkeit offene Fragen zu verschiedenen Lebensbereichen gestellt werden. Um einen größtmöglichen Einblick in die Lebenssituation der Personen zu erhalten, wurden die Bereiche Beruf, Mobilität, Privat- und Wohnbereich, Kommunikation und Verhalten festgelegt. Mithilfe des Leitfadengespräches soll den Personen genügend Raum gelassen werden, um ihre Lebenswelt zu beschreiben und ihre Sichtweisen darzustellen. Der Leitfaden wurde soweit wie möglich nach den Richtlinien der Leichten Sprache [24]verfasst, d.h. Fremdwörter und lange Satzstellungen wurden in den Fragen vermieden. Die Fragen wurden in der Du – Form konzipiert, da sich die Verfasserin und die Interviewteilnehmer seit Jahren kennen und sich schon lange auf einer persönlichen Ebene gegenseitig duzen. Der Gesprächsleitfaden galt in allen Gesprächen als Orientierungspunkt.

7.5 Die Untersuchungsteilnehmer

Bei den Interviewpartnern handelt es sich ausschließlich um Menschen mit Lernschwierigkeiten, welche den Übergang aus der WfbM auf den Arbeitsmarkt erfolgreich bewältigt haben und sich seit vielen Jahren in festen Arbeitsverhältnissen befinden. Im Durchschnitt waren die befragten Personen 36 Jahre alt. Alle Gesprächspartner fanden ihre Arbeitsplätze über den Integrationsfachdienst. Die Personen können durchschnittlich auf eine sechsjährige Berufserfahrung auf dem allgemeinen Arbeitsmarkt zurückblicken und sind der Verfasserin dieses Buches langjährig bekannt. Der Zugang zum Untersuchungsfeld war für die Verfasserin leicht möglich, da die damalige berufliche Integration in den meisten Fällen in Kooperation zwischen ihr, den Interviewpartnern und den Betrieben erfolgt war. Oftmals konnte auf einen langen Betreuungszeitraum zurückgeblickt werden. In den Gesprächen gelang es daher sehr schnell, wieder eine vertrauensvolle Atmosphäre und Offenheit herzustellen.

7.6 Die Untersuchungsbedingungen und -durchführung

Die problemzentrierten Interviews wurden im Zeitraum zwischen dem 09.02.2006 und 01.03.2006 durchgeführt. Die durchgeführte Befragung ist exemplarisch und besitzt keine repräsentative Aussagekraft! Mehrheitlich fanden die acht Interviews direkt am Arbeits-

---

[24] Die leichte Sprache wurde maßgeblich vom Netzwerk People First aus Kassel (ein Verein von und für Menschen mit Lernschwierigkeiten) entwickelt, um niemanden von der schriftlichen Kommunikation auszuschließen. Gekennzeichnet ist sie durch die Verwendung von kurzen Sätzen, das Vermeiden von Fremdwörtern, das Erklären von schwierigen Begriffen und das Kommentieren mittels Bilder und Symbole (BAG - UB 09/2005, S. 22).

platz der Interviewpartner statt. Die Betriebe waren zur Durchführung der Interviews vor oder nach der Arbeitszeit, während einer Pause oder in einer Zeit einverstanden, in der nicht so viel zu tun war. Dass die Verfasserin in den Betrieben bekannt war, erleichterte die dortige Durchführung. Die Gespräche am Arbeitsplatz waren davon gekennzeichnet, dass nicht unbegrenzt Zeit zur Verfügung stand. Diese Tatsache übte einen gewissen Zeitdruck aus. Es galt, ein gutes aber auch zügiges Gespräch zu führen, von dem beide Gesprächsteilnehmer etwas hatten. Die Interviews wurden in Pausenräumen oder Büros in ruhiger Umgebung durchgeführt. Weitere Kollegen oder betriebliche Ansprechpartner waren bei den Gesprächen nicht anwesend. Ein geringer Teil der Interviews wurde im häuslichen Bereich der Interviewpartner durchgeführt. Hier war während eines Gespräches ein Wohnbetreuer, bei einem anderen die Lebensgefährtin zugegen.

Die Interviewdauer lag bei allen Gesprächen zwischen 15 und 30 Minuten. Nach der Begrüßung und nach den technischen Vorbereitungen wurde allen befragten Personen nochmals der Grund für das Interview dargelegt. Das Thema der Befragung wurde erörtert und die Gesprächspartner erklärten sich anschließend mit einem Interview einverstanden. Bei den Interviews wurden gewisse Rahmenbedingungen beachtet, um den besonderen Bedürfnissen von Menschen mit Lernschwierigkeiten nachzukommen. So wurde z.B. der Ablauf des Interviews unter Verwendung von Leichter Sprache zuvor genau erklärt. Hierdurch konnte eventuell aufkommende Unsicherheit und Aufregung zu Beginn des Gespräches reduziert werden. Konkret wurden die Fragen vorab einmal vorgelesen und der Interviewteilnehmer konnte dazu Verständnisfragen stellen oder sich schon eine Antwort überlegen, bzw. gleich spontan antworten. Erst im zweiten Durchgang lief das Tonband mit. Bei einem Interviewpartner kam es vor, dass dieser seine Antwort aus dem ersten im darauf folgenden zweiten Durchgang schon wieder vergessen hatte, dadurch dann ins Stocken kam und eine komplett andere Antwort gab. In der Regel bewährte sich aber diese Vorgehensweise in der Praxis, denn alle Interviewteilnehmer hatten das Recht, Ihre Antworten frei zu äußern oder zu variieren. In einigen Gesprächen musste sehr viel auf die Fragen des Interviewleitfadens zurückgegriffen werden, da die Antworten stockend, kurz oder spärlich geäußert wurden. In diesen Situationen erwies es sich als sinnvoll, mit einigen Ergänzungsfragen aus dem Leitfaden das Gespräch zu beleben. In anderen Gesprächen nutzten die Untersuchungspersonen das Interview zum regen Austausch. Dieser Raum wurde ihnen dann gewährt und der Leitfaden trat etwas in den Hintergrund.

8 AUSWERTUNG DER BEFRAGUNGSBEFUNDE

Jeder einzelne Fall wird zunächst anhand einer Einzelfallanalyse dargestellt. Die lebensgeschichtlichen Hintergründe der Interviewpartner werden zu Beginn der Einzelfallstudien beschrieben. Danach folgt die Zusammenfassung forschungsrelevanter Gesprächsthemen. Die Auswertung des Untersuchungsmaterials basiert auf der Grundlage der Grounded Theory. Innerhalb der gefundenen Kategorien werden danach die Auswertungsergebnisse dargestellt.

8.1 Einzelfallstudien

8.1.1 Einzelfallstudie Frau A.

Frau A. wurde in einem Büroraum am Arbeitsplatz interviewt. Der Verfasserin dieses Buches ist Frau A. seit 1996 bekannt. Zum Zeitpunkt der Befragung war sie 48 Jahre alt und ledig. Frau A. besuchte eine Förderschule mit dem Förderschwerpunkt geistige Entwicklung. Anschließend arbeitete sie drei Jahre in einer WfbM und war dort mit Verpackungsarbeiten beschäftigt. Dann gelang ihr der Wechsel auf einen Erwerbsarbeitsplatz als Küchenkraft. Nach fünfjähriger Beschäftigung wechselte sie in ein Beschäftigungsverhältnis als Reinigungskraft. Dort ist sie seit weiteren fünf Jahren beschäftigt.

Frau A. fühlte sich in der WfbM unwohl. Sie habe sich über die Späße anderer Menschen mit Behinderung in der WfbM geärgert (Zeile (Z.) 51-52). Die Interviewpartnerin ist mit ihrer derzeitigen Tätigkeit zufrieden (Z. 35). Diese gefällt ihr besser als die damalige Tätigkeit in der WfbM (Z. 45). Frau A. ist stolz auf ihre Selbständigkeit, sowohl im Arbeitsleben (Z. 42), als auch innerhalb ihrer Mobilität (Z. 60) und im Wohnbereich (Z. 95). Frau A. bewältigt ihren Arbeitsweg selbständig (Z.58-60). Sie besitzt kaum Freunde, (Z. 62) verfügt aber über nachbarschaftliche Kontakte (64-66). Zusätzliche Unterstützung erfährt sie durch einen professionellen Helfer (Z.90) und gelegentlich durch eine ehrenamtliche Kraft (Z. 68-70). Frau A. wünscht sich mehr Freizeitaktivitäten (Z. 77-80) und würde gern an einer Freizeitgruppe teilnehmen. Frau A. benennt ihren Bereichsleiter als Ansprechpartner bei Problemen am Arbeitsplatz. Sie äußerte, dass sie innerhalb ihres Verhaltens beim Übergang aus der WfbM auf den allgemeinen Arbeitsmarkt nichts verändern musste (Z. 99). Später führt sie trotzdem Verhaltensstrategien an, welche sie jetzt bei Konflikten am Arbeitsplatz umsetzen kann (Z. 108-109). Frau A. hat erkannt, dass Freundlichkeit und Gesprächsbereitschaft in Konfliktsituationen auf dem allgemeinen Arbeitsmarkt gefragt sind (Z.107-109). Sie kann keine Zukunftswünsche benennen (Z. 83).

8.1.2 Einzelfallstudie Herr L.

Herr L. wurde in einem Pausenraum am Arbeitsplatz interviewt. Der Verfasserin dieses Buches ist Herr L. seit 2000 bekannt. Zum Zeitpunkt der Befragung war er 32 Jahre alt und ledig. Herr L. besuchte eine Förderschule mit dem Förderschwerpunkt Lernen. Anschließend arbeitete er acht Jahre lang in einer WfbM und war dort in der Garten- und Landschaftspflege tätig. Dann gelang ihm der Wechsel als Helfer im Gartenbau in ein vierjähriges Beschäftigungsverhältnis. Nach einer betriebsbedingten Kündigung, fand Hr. L. nach einjähriger Arbeitslosigkeit eine Beschäftigung als Recyclinghelfer. Dort arbeitet er jetzt seit knapp einem Jahr.

Der Interviewpartner drückt seine Zufriedenheit mit seiner derzeitigen Tätigkeit aus (Z. 141) und zog diese der WfbM vor (Z. 177). Er kannte seine Schwierigkeiten am Arbeitsplatz, welche sich auf die Handhabung eines neuen Arbeitsfahrzeuges bezogen (Z. 152-157). Er bewältigt selbständig seinen Arbeitsweg mit einem Motorroller (Z. 86-87). Herr L. hat zu allen Kollegen im Allgemeinen einen guten und fast familiären Kontakt (Z. 158-162). Mit einem Kollegen besteht bei schlechtem Wetter eine Fahrgemeinschaft (Z.181-183). Kontakte zu den Arbeitskollegen finden auch außerhalb der Arbeit statt (Z. 212). Herr L. besitzt einen großen Freundeskreis (Z.91) und hat eine Freundin (Z. 214). Er lebt seit acht Jahren in einer eigenen Wohnung (Z. 222). In früheren Zeiten hatte er eine Wohnbetreuung (Z. 225). Heute braucht er diese nicht mehr (Z. 227) und wird nur noch durch einen rechtlichen Betreuer unterstützt. Dieser stellte bereits in der Vergangenheit eine zusätzliche Hilfe bei Konflikten am Arbeitsplatz dar (Z. 246-257). Herr L. sieht den Unterschied in den Anforderungen zwischen WfbM und Arbeitsmarkt hauptsächlich im gesteigerten Arbeitstempo begründet (Z. 170-174). Sein soziales Verhalten, musste er beim Wechsel auf den allgemeinen Arbeitsmarkt nicht verändern (Z. 231-232). Für die Zukunft wünscht er sich einen festen Arbeitsplatz und eine Steigerung des Gehaltes (Z. 206-210).

8.1.3 Einzelfallstudie Herr E.

Herr E. wurde in der Wohnung seiner Freundin interviewt. Die Freundin war während des Interviews anwesend. Der Verfasserin dieses Buches ist Herr E. seit 1995 bekannt. Zum Zeitpunkt der Befragung war Herr E. 42 Jahre alt und ledig. Herr E. besuchte eine Förderschule mit dem Förderschwerpunkt geistige Entwicklung. Anschließend arbeitete er neun Jahre in einer WfbM und war dort in der Garten- und Landschaftspflege beschäftigt. Dann gelang ihm der Wechsel in ein siebenjähriges Beschäftigungsverhältnis als Recyclinghelfer. Nach betriebsbedingter Kündigung, war er vierzehn Monate arbeitslos. Danach wechselte er in ein Arbeitsverhältnis als Küchenhilfe. Dort ist er seit gut zweieinhalb Jahren beschäftigt.

Herr E. äußerte, er sei mit seiner beruflichen Tätigkeit zufrieden (Z. 298). Auf die Frage, was damals in der WfbM besser gewesen sei, antwortet er „Da war nichts besser (..), nein" (Z. 321). An seinem Arbeitsplatz fühlt er sich sicher und bewältigt die Arbeit ohne fremde Hilfe (Z. 307). Herr E. kommt mit dem Linienbus oder mit dem Motorroller selbständig zur Arbeit (Z. 329). An seinem Arbeitsplatz arbeiten Kollegen, die er besonders gern mag (Z. 309). Nach der Arbeitszeit unternimmt er aber nichts mit ihnen (Z. 311). Herr E. verfügt über keinen Freundeskreis (Z.343). Trotzdem gibt er an, dass er mit seinen Sozialkontakten zufrieden sei, da er familiäre Unterstützung erhält (Z. 358) und viel mit seiner langjährigen Freundin zusammen ist (Z. 357). Daher hat er kein Interesse an einer Freizeitgruppe (Z. 350). Herr E. ist unabhängig von einer Wohn- und einer rechtlichen Betreuung (Z. 360). Er wohnt bei seinen Eltern, ist allerdings meistens bei seiner Freundin in der Wohnung (Z. 365-366). Bei Konflikten am Arbeitsplatz, erhält er derzeitig noch begleitende Unterstützung durch den Integrationsfachdienst (Z. 378-379). Herr E. sieht den Unterschied in den Anforderungen zwischen WfbM und Arbeitsmarkt hauptsächlich im erhöhten Arbeitstempo begründet (Z. 315). Herr E. ist der Meinung, dass er sein Verhalten beim Wechsel auf den allgemeinen Arbeitsmarkt nicht verändern musste (Z. 371).

8.1.4 Einzelfallstudie Herr J.

Herr J. wurde in einem Pausenraum am Arbeitsplatz interviewt. Der Verfasserin dieses Buches ist Herrn J. seit 2000 bekannt. Zum Zeitpunkt der Befragung war Herr J. 31 Jahre alt und ledig. Herr J. besuchte eine Förderschule mit dem Förderschwerpunkt Lernen. Anschließend absolvierte er in einem Berufsbildungswerk eine Ausbildung zum Fachwerker im Gartenbau. Nach einem gescheiterten Arbeitsversuch auf dem allgemeinen Arbeitsmarkt, arbeitete er drei Jahre in einer WfbM. Dort war er in der Garten- und Landschaftspflege beschäftigt. Dann gelang ihm der Wechsel in ein Beschäftigungsverhältnis als Fachwerker im Gartenbau. Dort ist er seit sechs Jahren beschäftigt.

Herr J. ist mit seiner Tätigkeit als Fachwerker im Gartenbau auf dem allgemeinen Arbeitsmarkt zufrieden (Z.423). Er kann sich an nichts erinnern, was früher in der WfbM besser war und zieht seine heutige Arbeit der Tätigkeit in der WfbM vor (Z. 446). Die aktuelle Arbeit bereitet ihm keinerlei Schwierigkeiten (Z. 431). Falls es doch Probleme gibt, so steht ihm sein Chef zur Seite (Z. 435). Herr J. kommt zu Fuß oder mit dem Fahrrad selbständig zur Arbeit (Z. 452). Mit seinen Arbeitskollegen kommt er in der Regel gut aus (Z. 437). Privat trifft er sich mit ihnen nicht (Z.439). Besonders stolz ist Herr J. auf den

Auszug aus seinem Elternhaus (Z. 480) und auf seine eigene Wohnung. Herr J. lebt heute völlig ohne Betreuung. Mit seinen wenigen Freunden trifft sich Herr J. nur selten. Häufiger beschäftigt er sich mit seinem Computer und sieht alleine fern (Z. 457-464). Herr J. hat großes Interesse an einer Freizeitgruppe, mit der er auch mal in den Urlaub fahren kann (Z. 468-474). Herr J. ist Mitglied im Tierschutzverein (Z. 460). Den Unterschied in den Anforderungen zwischen der WfbM und dem Arbeitsmarkt sieht er in der geringeren Anzahl der Pausen und im gesteigerten Arbeitstempo begründet (Z. 443). Sein soziales Verhalten musste er beim Wechsel auf den allgemeinen Arbeitsmarkt nicht verändern (Z. 493). Wünsche für seine Zukunft hat Herr J. nicht (Z. 467).

8.1.5 Einzelfallstudie Herr A.

Herr A. wurde in einem Büroraum am Arbeitsplatz interviewt. Der Verfasserin dieses Buches ist Herrn A. seit 2000 bekannt. Zum Zeitpunkt der Befragung war Herr A. 33 Jahre alt und ledig. Herr A. besuchte eine Förderschule mit dem Förderschwerpunkt geistige Entwicklung. Anschließend arbeitete er neun Jahre in einer WfbM und war dort im Hauswirtschaftsbereich tätig. Dann gelang ihm der Wechsel in ein Beschäftigungsverhältnis innerhalb einer Krankenhausgroßküche als Hauswirtschaftshelfer. Dort ist er seit fünf Jahren beschäftigt.

Herr A. gibt an, er sei mit seiner Arbeit zufrieden. Einschränkend ergänzt er, dass sich diese Zufriedenheit hauptsächlich auf seine Gehaltshöhe beziehe (Z. 532). Verglichen mit der Beschäftigung in der WfbM, findet er die jetzige Tätigkeit auch nur wegen der Höhe seines Gehaltes besser (Z. 555). Hauptsächlich ist er an seinem Arbeitsplatz mit Spülarbeiten beschäftigt und kann diese selbständig ausführen (Z.539-542). Bei Problemen am Arbeitsplatz hilft ihm der Küchenleiter oder der Koch (Z. 631). Herr A. sieht den Unterschied in den Anforderungen zwischen WfbM und Arbeitsmarkt hauptsächlich in einem gesteigerten Leistungsanspruch begründet (Z. 551-552). Sein Verhalten musste er beim Wechsel auf den allgemeinen Arbeitsmarkt nicht verändern (Z. 618-621). Seinen Arbeitsweg bewältigte er immer schon selbständig mit dem Fahrrad (Z. 563). An seinem Arbeitsplatz gibt es Kollegen die er besonders mag und einige, die er weniger mag (Z. 546). Nach der Arbeit trifft er sich nicht mit ihnen (Z. 548). Herr A. ist in seiner Freizeit im Fußballverein aktiv, allerdings erschwert die Wechselschicht des Betriebes eine regelmäßige Teilnahme (Z. 570). Mit seinen wenigen Freunden trifft er sich nur selten (Z. 572-574). Deshalb ist er mit seinen Sozialkontakten nur ausreichend zufrieden (Z. 565). Herr A. nimmt ab und zu an Freizeitaktivitäten teil, die vom ambulant betreuten Wohnen angeboten werden (Z. 584). Früher wohnte er in einer ambulant betreuten Wohngemeinschaft.

Heute wird er ambulant in seiner eigenen Wohnung betreut (Z. 602-607) und erledigt seinen Haushalt komplett alleine. Die Wohnbetreuung kommt nur noch für größere Einkäufe oder zu Behördengängen (Z. 610-615). Herr A. wird zusätzlich von einem gesetzlichen Betreuer betreut (Z. 596). Zukunftswünsche kann Herr A. nicht benennen (Z. 581).

8.1.6 Einzelfallstudie Herr N.

Herr N. wurde in seiner Wohnung interviewt. Der Verfasserin dieses Buches ist Herr N. seit 1998 bekannt. Zum Zeitpunkt der Befragung war Herr N. 30 Jahre alt und verheiratet. Aufgrund seiner Körperbehinderung ist er auf den Rollstuhl angewiesen. Herr N. besuchte nach Übersiedlung aus Russland eine Körperbehindertenschule und wurde dort nach dem Förderschwerpunkt Lernen unterrichtet. Anschließend arbeitete er dreieinhalb Jahre in einer WfbM und war dort in einer Büroarbeitsgruppe tätig. Danach gelang ihm der Wechsel in ein Beschäftigungsverhältnis als Bürohelfer. Dort ist er seit sieben Jahren beschäftigt.

Der Interviewpartner ist mit seiner derzeitigen Tätigkeit zufrieden (Z. 658) und zieht diese der WfbM vor (Z. 682). Er erfüllt die Anforderungen an seinem Arbeitsplatz selbständig (Z. 666). Bei Schwierigkeiten hilft ihm allerdings eine Kollegin oder der Chef (Z. 736). Im Betrieb kommt er mit allen Kollegen aus (Z. 670-671). Privat trifft er sich nicht mit ihnen (Z. 673). Seinen Arbeitsweg bewältigt er selbständig mit dem eigenen PKW (Z. 688). Herr N. besitzt durch die Mitgliedschaft in einer Kirchengemeinde viele Sozialkontakte (Z.697-699). Daher ist seine Freizeit sehr ausgefüllt, (Z. 693-695) so dass er kein Interesse an einer Freizeitgruppe hat (Z. 713). Herr N. wohnt seit drei Monaten mit seiner Frau in einer eigenen Wohnung (Z. 645). Früher wohnte er bei seinen Eltern (Z. 722). Heute ist Herr N. unabhängig von jeglicher Betreuungsform. Er erhält Unterstützung durch seine Freunde, seinen Eltern und seiner Frau (Z. 718). Beruflich wurde er in der Anfangszeit vom Integrationsfachdienst am Arbeitsplatz unterstützt. Diese Begleitung ist allerdings schon längst ausgelaufen (Z. 735). Herr N. sieht den Unterschied in den Anforderungen zwischen WfbM und Arbeitsmarkt hauptsächlich in einem höheren Arbeits- und Leistungsanspruch begründet, welchen der einzelne Arbeitnehmer selbständig umsetzen muss (Z. 676-679). Im sozialen Verhalten musste er sich beim Wechsel auf den allgemeinen Arbeitsmarkt etwas zurücknehmen, damit sich die nicht behinderten Mitarbeiter langsam an ihn gewöhnen konnten und ihm dann eine Chance gaben, ihn als Menschen kennen zu lernen (Z. 231-233). Für die Zukunft wünscht er sich weniger arbeiten zu müssen, um sich mehr um seine christliche Behindertengruppe zu kümmern, welche er gegründet hat (Z. 709-710).

8.1.7 Einzelfallstudie Frau B.

Frau B. wurde in ihrer Wohnung interviewt. Eine Wohnbetreuerin war bei dem Interview anwesend. Der Verfasserin dieses Buches ist Frau B. seit 1998 bekannt. Zum Zeitpunkt der Befragung war sie 37 Jahre alt und ledig. Frau B. besuchte eine Förderschule mit dem Förderschwerpunkt geistige Entwicklung. Anschließend arbeitete sie zehn Jahre in einer WfbM und war dort im Hauswirtschaftsbereich tätig. Dann gelang ihr der Wechsel in ein eineinhalbjähriges Beschäftigungsverhältnis als Reinigungskraft. Nach Ablauf ihres befristeten Vertrages, war sie vier Monate arbeitslos. Ihr gelang der Eintritt in ein Arbeitsverhältnis als Hauswirtschaftshelferin. Dort ist sie seit acht Jahren beschäftigt.

Frau B. äußert, dass sie mit ihrer beruflichen Tätigkeit zufrieden ist (Z.777). Auf die Frage, was damals in der WfbM besser gewesen sei, fällt ihr nichts Nennenswertes ein (Z. 799). An ihrem heutigen Arbeitsplatz kann sie die Anforderungen bei einem hohen Arbeitsaufkommen nicht immer allein bewältigen (Z. 783). Bei Schwierigkeiten unterstützt sie dann ihr Chef (Z. 787). Frau B. fährt selbständig mit dem Bus zur Arbeit (Z:809). Im Betrieb gibt es eine Kollegin, welche Frau B. ganz besonders gern mag (Z. 789). Privat trifft sie sich mit dieser Kollegin allerdings nicht (Z. 791). Frau B. hat keine Freunde (Z.829), aber familiäre Kontakte und einen langjährigen Partner (Z. 820). Es besteht bei ihr ein Interesse an einer Freizeitgruppe (Z. 833). Frau B. konnte aus dem Wohnheim in eine eigene Wohnung wechseln (Z. 842-845). Dort wird sie über eine ambulante Wohnbetreuung unterstützt (Z. 839). Frau B. sieht den Unterschied in den Anforderungen zwischen WfbM und Arbeitsmarkt hauptsächlich in erhöhten Leistungsanforderungen begründet (Z. 315). Sie ist der Meinung, dass sie ihr soziales Verhalten beim Wechsel auf den allgemeinen Arbeitsmarkt insofern verändern musste, dass sie gelernt hat ruhiger und gelassener zu werden (Z. 371). Außerdem musste sie lernen, selbständig um Unterstützung zu bitten, wenn die Arbeit für sie nicht zu bewältigen war (Z. 876). Bei Konflikten am Arbeitsplatz erhielt sie Unterstützung durch den Wohnbetreuer (Z. 881).

8.1.8 Einzelfallstudie Herr R.

Herr R. wurde in seiner Wohnung interviewt. Der Verfasserin dieses Buches ist Herr R. seit 1995 bekannt. Zum Zeitpunkt der Befragung war Herr R. 38 Jahre alt und verheiratet. Herr R. besuchte eine Förderschule mit dem Förderschwerpunkt Lernen. Anschließend absolvierte er einen zweijährigen Förderlehrgang in einem Berufsbildungswerk. Danach arbeitete er elf Jahre in einer WfbM und war dort im Montagebereich tätig. Anschließend gelang ihm der Wechsel in ein Beschäftigungsverhältnis als Autowäscher. Dort ist er seit zehn Jahren beschäftigt.

Herr R. ist nicht vollständig zufrieden mit seiner derzeitigen Tätigkeit. Seiner Meinung nach liegt die Ursache dafür im Wechsel des direkten betrieblichen Ansprechpartners. Auf den neuen Ansprechpartner konnte sich Hr. R. nur schlecht umstellen, was häufig zu Konflikten mit ihm führt (Z. 917-921). Herr R. sieht den Unterschied in den Anforderungen zwischen WfbM und Arbeitsmarkt hauptsächlich in der höheren Verantwortung für den Einzelnen begründet (Z. 315). Vergleichend fällt Herrn R. auf, dass die Arbeit in der WfbM einfacher war (Z. 965-969). Herr R. fährt selbständig mit dem eigenen PKW zur Arbeit (Z. 975). Am Arbeitsplatz machen ihm seine Probleme mit der Rechtschreibung zu schaffen (Z. 933-935). Bei Schwierigkeiten steht ihm nicht immer ein betrieblicher Ansprechpartner zur Verfügung (Z. 940-941). Im Betrieb gibt es Kollegen, welche Herr R. besonders mag (Z. 943). Mit den Kollegen kommt er gut aus. Nach Feierabend setzten diese sich oft mit ihm zusammen und unterhalten sich (Z. 985-986). Zwei Kollegen hat er von sich aus schon einmal zu sich nach Hause eingeladen. Dies war allerdings schon im vergangenen Jahr gewesen (Z. 945-949). Herr R. ist Mitglied im Behindertensportverein. Wegen der Wechselschicht schafft er es aber nur einmal im Monat dorthin zu gehen (Z. 978-991). Zusätzliche Unterstützung erfährt Herr R. von seiner Mutter (Z. 983). Zu einem Freund und dessen Tochter besteht ein freundschaftliches Verhältnis (Z. 998-1003) sowie zu einer befreundeten Bekannten (Z. 1024). Herr R. hat Interesse an einer Freizeitgruppe (Z. 1017-1022). Er lebt seit der Trennung von seiner Partnerin allein in seiner Wohnung und hat zurzeit etwas Ärger mit seinem Vermieter (Z. 1035). Eine ambulante Wohnbetreuung besitzt er nicht, da seine Mutter ihn unterstützt (Z. 1070-1072). Sein Verhalten musste Hr. R. beim Wechsel auf den allgemeinen Arbeitsmarkt ändern. Er musste lernen sich selbständig neue Tätigkeiten zu suchen, eigenständig zu arbeiten und Verantwortung zu übernehmen (Z. 1084-1085). Im Unterschied zum Arbeitsmarkt wurde in der WfbM abgewartet, bis der Gruppenleiter die neue Arbeit verteilte (Z. 1089-1090). Nach dem Wechsel hatte er zunächst Probleme damit, plötzlich mit viel Geld umzugehen (Z.1092-1096). Aktuell wird Hr. R. noch vom Integrationsfachdienst am Arbeitsplatz begleitet. Ergänzend wünscht er sich einen Austausch mit anderen Menschen mit Lernschwierigkeiten, die den Sprung auf den allgemeinen Arbeitsmarkt geschafft haben. Mit ihnen möchte er sich über die Probleme am Arbeitsplatz austauschen (Z. 1129).

8.2 Auswertung nach der Grounded Theory

Die vorliegende Arbeit orientiert sich an der *„grounded theory"* (MAYRING 1996, S. 82), welche aus der amerikanischen Soziologie der 1950er und 1960er Jahre heraus entstand, und von B. G. Glaser und A. L. Strauss entwickelt wurde. Dieser amerikanische Begriff bedeutet übersetzt *„Gegenstandsbezogene Theorie"* (MAYRING 1996, S. 82). Schon während der Datenerhebung kann der Forscher bei dieser Auswertungsmethode Theorien bilden und Konzepte gestalten. Diese werden im Verfahren weiterentwickelt, spezifiziert und miteinander verknüpft. Somit ist die Erhebungs- mit der Auswertungsphase verknüpft (vgl. ebd. S. 82f). Die Methode berücksichtigt und schätzt es, wenn der Forscher über berufliche Erfahrungen im untersuchten Praxisbereich verfügt. Mit diesem Hintergrund kann er besser nachvollziehen, warum und wie sich die Gegebenheiten in dem untersuchten Feld vollziehen (vgl. STRAUSS 1996, S. 26). Angestrebt wird die Entwicklung einer Theorie, welche dem untersuchten Bereich des Gegenstandes entspricht und ihn verdeutlicht. Dabei ist darauf zu hoffen, dass die Theorien sich mit denen anderer Fachbereiche ergänzen und zu einem Zuwachs an Erkenntnissen führen. Ist dies der Fall, so können sie auch praxisbezogen einen spürbaren Gewinn darstellen (vgl. ebd. S. 9). Im Folgenden werden die Kategorien vorgestellt, welche aus dem Interviewmaterial abgeleitet werden konnten, sowie die dazugehörigen Auswertungsergebnisse.

8.2.1 Wahrnehmung des Übergangs WfbM / allgemeiner Arbeitsmarkt

Von den acht Interviewpartnern verfügte nur eine Person über eine theoriereduzierte Ausbildung. Alle anderen Personen besaßen keine berufliche Ausbildung. Vor ihrem Wechsel auf den allgemeinen Arbeitsmarkt arbeiteten die interviewten Personen im Durchschnitt sieben Jahre in einer WfbM. Beim Übergang konnten vier Personen ihre Erfahrungen aus ihrem Aufgabenbereich in der WfbM nutzen und in den gleichen Bereich auf dem allgemeinen Arbeitsmarkt wechseln. Die anderen vier Interviewpartner mussten sich beim Wechsel aus der WfbM auf den allgemeinen Arbeitsmarkt in ein neues Aufgabenfeld einarbeiten. Die Integrationen glückten in folgenden beruflichen Feldern: Hauswirtschaft, Fahrzeugpflege, Büro, Garten- und Landschaftspflege und Recycling. Die befragten Frauen arbeiten beide im Hauswirtschaftsbereich. Eine Frau ist als Teilzeitkraft beschäftigt. Der überwiegende Anteil der befragten Personen arbeitet in Vollzeit und erreicht einen Nettolohn von 800 bis 1100 Euro. Die Hälfte der Befragten musste nochmals aus ihrem ersten Beschäftigungsverhältnis in ein Zweites wechseln. Dies geschah aus verschiedenen Gründen[25]. Die andere Hälfte schaffte es, ihre ursprünglichen Beschäftigungsverhältnisse beizubehalten.

Der überwiegende Teil der Befragten verneint, sich beim Wechsel auf den allgemeinen Arbeitsmarkt im eigenen Verhalten verändert zu haben. Einige räumen jedoch ein: *„Ja ich musste ruhiger werden da"* (Z.867). *„Verhalten, halt teilweise die Arbeit selber suchen"*

---

[25] Befristung, betriebsbedingte Kündigung, Befragte ließ sich kündigen, da es ihr nach dem Wegfall der Ansprechpartnerin dort nicht mehr gefiel.

(Z.1084) *„Aber ich musste erst aufpassen, damit die Leute die keine Behinderung haben (…) sich an mich gewöhnen"* (Z.731-732).

Die befragten Gesprächspartner stellten folgende Unterschiede zwischen einer Tätigkeit in einer WfbM und auf dem Arbeitsmarkt fest:

1. Höhere Anforderungen auf dem allgemeinen Arbeitsmarkt im Bereich des Arbeitstempos:

„Auf der freien Wirtschaft muss man ein bisschen schneller werden" (Z.170-171). *„Geht's ein bisschen flinker zu "* (Z.315). *„Etwas zackiger"* (Z.443).

2. Höhere Anforderung auf dem allgemeinen Arbeitsmarkt im Bereich soziale Kompetenzen:

„Hier muss man freundlich sein und zu den Mitarbeitern auch nett sein und wenn es mit den Ärger gibt (…) Tür zu machen und mit denen besprechen was ich so (..) Probleme habe" (Z.107-109).

3. Höherer Leistungsanspruch auf dem allgemeinen Arbeitsmarkt:

„Arbeitsmarkt ist härter musst du mehr Leistung bringen. Der andere ist ein bisschen leichter, hast du auch weniger Geld gekriegt" (Z. 551-552). *„Aber es muss schon bisschen besser als in der Werkstatt, also von der Arbeitsleistung sein"* (Z. 173-174). *„Da ist mehr Stress"* (Z.873). *„Weniger Pausen"* (Z. 443).

4. Höhere Eigenverantwortung auf dem allgemeinen Arbeitsmarkt:

„Werkstatt wird da sehr viel abgenommen (…) in der freien Wirtschaft mehr Verantwortung für alles" (Z. 952-953). *„Man muss zusehen, damit man mit der Arbeit klar kommt"* (Z.677). *„Nein, in der Werkstatt (…) da wurde ja von den (…) Meistern gesagt, so - die Arbeit wird gemacht"* (Z. 1089-1090).

8.2.2 Soziale Situation am Arbeitsplatz

Die Zufriedenheit mit der Tätigkeit auf dem allgemeinen Arbeitsmarkt überwiegt bei der Mehrheit der interviewten Personen. Ein Interviewpartner ist vorwiegend wegen des Geldes mit seiner Arbeitsstelle zufrieden. Er arbeitet in Wechselschicht und hat deshalb wechselnde Kollegen. Eine Person ist nach Jahren der Beschäftigung auf dem allgemeinen Arbeitsmarkt nun nicht mehr zufrieden, da sie mit dem neuen betrieblichen Ansprechpartner nicht so gut auskommt. Mehr als die Hälfte erledigt ihre Arbeit routiniert und benötigt keine Hilfe bei der Arbeitsausführung. Bei den Personen, die Hilfe am Arbeitsplatz bedürfen, geht es zum Beispiel um die Bedienung von Maschinen und Arbeitsfahrzeugen oder um Probleme mit der Rechtschreibung. Wesentlich häufiger benötigen die befragten Personen Hilfestellung bei der Klärung von Konflikten am Arbeitsplatz. Zunächst wurde versucht, diese mit allen Personen direkt zu lösen. War dies nicht möglich, so wandten sie sich in der Regel vertrauensvoll an ihren Vorgesetzten oder nachrangig an einen Kollegen. Konnte keine Lösung erreicht werden, so wurden professionelle Unterstützer von außen einbezogen. Dies waren: Der Integrationsfachdienst, der rechtliche Betreuer und der Wohnbetreuer. Eine Person wünschte sich in diesem Sinne einen Austausch mit anderen Menschen mit Lernschwierigkeiten um zu erfahren, wie diese mit Konflikten am Arbeitsplatz umgehen.

Zu ihren Kollegen gaben die Interviewpartner ein durchschnittlich gutes Verhältnis an. Sie räumten ein, dass es Kollegen gibt die sie nicht so gern mögen, nannten aber auch Kollegen, welche sie besonders gern haben. Die Mehrzahl der Interviewpartner hat keinen privaten Kontakt zu ihren Arbeitskollegen. Zwei Personen gaben private Kontakte zu Kollegen an. Diese beschränken sich jedoch hauptsächlich auf Gespräche direkt nach Feierabend. *„Nach Feierabend setzen wir uns teilweise (…) so ein bisschen zusammen (…) mit den Kollegen"* (Z.985-986). Kontaktbestrebungen gingen hauptsächlich nur von einer Seite aus: *„Also letzte Zeit nicht, doch einmal letztes Jahr (…) den habe ich mal samstags eingeladen zu mir, der ist auch gekommen. Das war der Einzige. Und noch jemand anderes, aber na ja was soll's"* (Z. 945-949). Eine Person besitzt eine Fahrgemeinschaft mit einem Kollegen.

Die Interviewpartner beziehen ihre Zukunftswünsche stark auf ihr Arbeitsleben. Ihre Wünsche sind sehr unterschiedlich. Die Spanne reicht von dem Wunsch, immer Arbeit zu haben und geht hin, bis zum Wunsch der Arbeitszeitreduzierung, um mehr freie Zeit zu haben. Sie wünschen sich eine ruhige und gleichbleibende Arbeitssituation und weniger Ärger am Arbeitsplatz. *„Alles hin und her und alles durcheinander und halt, dass das ein bisschen anders wird (…). Was im Moment ist, wenn man mal einen Fehler macht, kriegt man gleich Trouble"* (Z.1007-1009).

8.2.3 Sozialkontakte in der Freizeit

Nur zwei Personen gaben an, über einen großen Freundeskreis zu verfügen. Die anderen unterhielten wenige bis keine freundschaftlichen Kontakte. Sechs Interviewpartner waren zufrieden mit ihren sozialen Kontakten, obwohl vier davon nur über wenige soziale Kontakte verfügten. Die restlichen Gesprächspartner äußerten sich mit ihren Sozialkontakten unzufrieden. Befragt nach ihren Wünschen für die Zukunft, waren alle Interviewpartner sehr zurückhaltend. In der Regel fiel es ihnen schwer, differenzierte Wünsche zu benennen. Die geäußerten Wünsche bezogen sich ausschließlich auf das Arbeitsleben. Keiner der befragten Personen äußerte den Wunsch nach umfangreicheren sozialen Kontakten wie Freundschaften oder einer Partnerschaft. Weitere Kontakte in der Freizeit bestehen zur Herkunftsfamilie, zum Partner, zu Nachbarn und zu professionellen Helfern wie Wohn- oder rechtlichen Betreuern. Die Hälfte der Interviewpartner verfügen über einen festen Lebensgefährten. Wiederum ist die Hälfte der befragten Personen in einem Verein, z.B. in einer christlichen Vereinigung, in einem Behindertensportverein, im Fußballverein oder im Tierschutzverein. Die Mehrzahl der Gesprächspartner wird von ihren Eltern unterstützt. Dort, wo die familiäre Unterstützung fehlt, sind professionelle Helfer wie ehrenamtliche Kräfte, rechtliche Betreuer oder Wohnbetreuer tätig. In den Urlaub fahren sie gar nicht oder unregelmäßig. Wenn möglich, schließen sie sich vereinzelnd einer Behindertengruppe an oder verreisen mit Mitgliedern ihrer Herkunftsfamilien. Diejenigen, welche über einen festen Partner verfügen, fahren mit ihm auch in den Urlaub. Folgende Aktivitäten werden in der Freizeit ausgeübt: Musik hören, Computerspiele, fernsehen, spazieren gehen, essen gehen, Sport.

8.2.4 Soziale Situation im Wohnbereich

„Früher bei meinen Eltern und heute in vierzehn Quadratmetern" (Z. 480)!

Alle befragten Personen wohnen allein in einer eigenen Wohnung oder mit einem Partner zusammen. Nur zwei werden vom ambulant betreuten Wohnen betreut. Nach ihren Angaben beschränkt sich die Wohnbetreuung auf größere Lebensmitteleinkäufe und auf spezielle Einkäufe wie z.B. Kleidung oder Wohnbedarf. Geld wird gemeinsam mit dem Wohnbetreuer von der Bank abgehoben. Arbeiten wie kochen, putzen und kleinere Einkäufe, erledigen alle selbständig. Vereinzelnd hilft mal ein Elternteil bei der Grundreinigung der Wohnung mit. Früher lebten die Interviewpartner bei ihren Eltern, in Wohnheimen, in betreuten Wohngruppen oder allein mit Unterstützung einer ambulanten Wohnbetreuung.

8.2.5 Situation im Bereich der Mobilität

Ihren Weg zur Arbeit bewältigen alle Interviewpartner selbständig. Niemand wird zur Arbeit gebracht. In der Regel sind sie in der Lage, allein mit öffentlichen Verkehrsmitteln zu fahren. Einige gehen zu Fuß, fahren mit dem Bus oder mit dem Fahrrad zur Arbeit. Zwei der befragten Personen besitzen einen eigenen PKW und zwei weitere fahren mit einem Motorroller zur Arbeit. Den Arbeitsweg bestreiten alle ohne Schwierigkeiten. Die Rollerfahrer geben technische Probleme an, die sie ab und zu zwingen, auf öffentliche Verkehrsmittel oder auf eine Fahrgemeinschaft mit einem Kollegen auszuweichen.

9 INTERPRETATION DER BEFRAGUNGSBEFUNDE

Zum Vergleich und zur Ergänzung der gefundenen Ergebnisse wird die Verbleib- und Verlaufsstudie der Westfälischen Wilhelms Universität Münster herangezogen. Sie bezieht sich auf den Integrationsverlauf und den Verbleib von schwerbehinderten Menschen mit Lernschwierigkeiten, welche zwischen 1994 und 1997 durch westfälische Integrationsfachdienste vermittelt wurden. Auch die Verbleibstudie der Landesarbeitsgemeinschaft der Werkstätten für behinderte Menschen in Hessen wird zum Vergleich mit den gefundenen Ergebnissen herangezogen. Die Ergebnisse der vorliegenden Untersuchung werden im Bezug zur zentralen Fragestellung interpretiert:

Wie erleben Menschen mit Lernschwierigkeiten ihre soziale Integration nach dem Wechsel aus einer WfbM auf den allgemeinen Arbeitsmarkt und welche Konsequenzen ergeben sich daraus für die Soziale Arbeit?

9.1 Aussagen aus dem Datenmaterial

Integration ist auch nach langer Beschäftigung in einer WfbM möglich!

Die vermittelten Personen waren zuvor im Durchschnitt 7,6 Jahre Beschäftigte einer WfbM. Dies macht deutlich, dass eine Integration aus der WfbM in den allgemeinen Arbeitsmarkt noch nach Jahren erfolgreich gelingen kann.

Auch Menschen mit Lernschwierigkeiten erfüllen den Leistungsanspruch des Arbeitsmarktes!

Im Übergang aus der WfbM mussten sich die befragten Personen vielfach komplett in neue Aufgabenbereiche einarbeiten. Die meisten Interviewpartner brachten keine Ausbildung mit. Die Hälfte der Personen bewältigte sogar einen weiteren Wechsel ihrer Arbeitsstelle. Sie erfüllen den höheren Leistungsanspruch des allgemeinen Arbeitsmarktes, den sie vorrangig am gesteigerten Arbeitstempo, an einer größeren Eigenverantwortung und an sozialen Kompetenzen festmachen. Im Durchschnitt sind sie seit 7,6 Jahren erfolgreich auf dem allgemeinen Arbeitsmarkt beschäftigt. Dies zeigt, dass Integrationsbemühungen Sinn machen, da Menschen mit Lernschwierigkeiten aus der WfbM bewiesen haben, dass sie langfristig auf dem allgemeinen Arbeitsmarkt bestehen können.

Die Leichte Sprache ist ein Muss in der Arbeit mit Menschen mit Lernschwierigkeiten!

Festzustellen war, dass schon bei dem Begriff Familienstand erhebliche Verständnisschwierigkeiten bestanden. Die gewählte Interviewform machte es möglich, bei Unverständnis nähere Erläuterungen zu geben.

9.1.1 Wie erleben Menschen mit Lernschwierigkeiten ihre soziale Integration nach dem Wechsel aus der WfbM auf den allgemeinen Arbeitsmarkt?

Volle Unterstützung ist während des Integrationsprozesses durch das Elternhaus notwendig!

Die überwiegende Mehrheit der befragten Personen erhielt im Prozess der Integration auf den allgemeinen Arbeitsmarkt, die volle Unterstützung durch ihr Elternhaus. Es ist demnach von bedeutender Wichtigkeit, dass die Eltern trotz schlechter Berufsaussichten die Idee der Beschäftigung ihres Kindes auf dem allgemeinen Arbeitsmarkt unterstützen und mittragen. Sind Eltern nicht vorhanden, bedarf es zum Gelingen der Integration engagierte professionelle Helfer, welche von dem Gedanken der Integration getragen sind und diesen Prozess kooperativ und konstruktiv begleiten. Die VERBLEIBSTUDIE MÜNSTER stellt fest *„dass ein Zusammenhang zwischen einem funktionierenden Unterstützungsnetzwerk der Familie (...) und der dauerhaften Integration auf dem allgemeinen Arbeitsmarkt besteht"* (KASSELMANN / RÜTTGERS 2005, S. 62).

Den Entwicklungsprozess in Richtung Verselbständigung angestoßen!

Die Ergebnisse machen deutlich, dass durch die Integration auf den allgemeinen Arbeitsmarkt bei den Menschen mit Lernschwierigkeiten eine Verselbständigung ausgelöst wurde. Diese fand nicht nur im beruflichen Bereich statt, sondern weitete sich auf andere Lebensbereiche, u. a. Wohnen und Mobilität aus. So leben alle befragten Personen weitgehend selbstständig in einer eigenen Wohnung und erreichen ohne fremde Hilfe ihren Arbeitsplatz. Die Vermutung liegt nahe, dass der Prozess der Integration, die Personen in ihrer gesamten Persönlichkeitsentwicklung reifen ließ. Folgendes gibt die VERBLEIBSTUDIE MÜNSTER zu bedenken: *„Mit der Dauer der beruflichen Tätigkeit wächst zwar die Quote derer, die allein (...) leben. Dadurch steigt aber leider auch das Risiko, dass die Betreffenden nicht zuletzt infolge erhöhter sozialer Isolation (...) auf ihrem Arbeitsplatz Probleme bekommen"* (KAßELMANN / RÜTTGERS 2005, S. 84).

Die berufliche Zufriedenheit durch einen Wechsel auf den allgemeinen Arbeitsmarkt erlangt!

Fast alle befragten Personen konnten durch den Wechsel auf den allgemeinen Arbeitsmarkt eine hohe berufliche Zufriedenheit erlangen! Die Zufriedenheit leidet jedoch darunter, wenn für den Betreffenden am Arbeitsplatz kein verlässlicher betrieblichen Ansprechpartner zur Verfügung steht und wenn die Personen ungünstige Arbeitsbedingungen, wie z.B. Wechselschicht mit wechselnden Kollegen und Arbeitszeiten hinnehmen müssen. Unter diesen Bedingungen wird es für Menschen mit Lernschwierigkeiten noch schwieriger, an regelmäßigen Sport- und Freizeitangeboten teilzunehmen. Dadurch werden sie zusätzlich im Aufbau und in der Pflege sozialer Kontakte, beeinträchtigt. DOOSE verweist in Zusammenhang mit der Arbeitszufriedenheit auf folgende häufige Nennungen: *„Der gute Kontakt zu KollegInnen, die Art der Arbeit und das Betriebsklima"* (ebd. 09/2005, S. 10).

Betriebliche Integration gelungen!

Durch die berufliche Zufriedenheit fühlen sich die befragten Personen betrieblich akzeptiert und dazugehörig. Der Arbeitsplatz bietet ihnen vielseitige arbeitsbezogene Kontakte, strukturiert ihren Alltag und vermittelt ihnen Anerkennung und Selbstwertgefühl. Durch die langjährige Beschäftigung hat sich eine intensive Bindung zum Betrieb aufgebaut. Zu den Kollegen besteht ein durchschnittlich gutes Verhältnis. Obwohl es auch Kollegen gibt, die nicht so gemocht werden, können Kollegen benannt werden, zu denen eine besonders gute Beziehung besteht. Kontakte zu Arbeitskollegen finden in der Freizeit mehrheitlich nicht statt. Warum dies so ist, hat vermutlich viele Gründe. Bei der Interpretation darf allerdings auch nicht außer Acht gelassen werden, dass in Deutschland die Lebensbereiche des Berufs- und Privatlebens voneinander getrennt werden. Der Vorteil dieser Trennung liegt in der Effektivitätssteigerung der Arbeitsleistung. Der Nachteil trifft mit einer besonderen Härte die Personen, die keine Möglichkeit der Kompensation durch familiäre und freundschaftliche Kontakte besitzen (vgl. SCHROLL- MACHEL, 2003, S. 155).

DOOSE (09/2005, S. 9) stellt dazu fest, dass *„70% der ArbeitnehmerInnen sich mit ihren KollegInnen immer oder fast immer grüßen und kurz unterhalten (…) 60% mit ihnen in der Pause immer oder fast immer reden, aber nur 7% etwas mit ihren Kollegen außerhalb der Arbeitszeit unternehmen"*.

Das Verhältnis zum betrieblichen Vorgesetzten ist von entscheidender Wichtigkeit!

Eine direkte Unterstützung am Arbeitsplatz finden Menschen mit Lernschwierigkeiten überwiegend durch ihren Vorgesetzten oder Betriebsinhaber. Er ist die Schlüsselperson in der betrieblichen Integration und kann dem behinderten Menschen bei beruflichen Fragen und Konflikten zur Seite stehen. Das persönliche Verhältnis zum betrieblichen Ansprechpartner hat eine erhebliche Bedeutung für den Menschen mit Lernschwierigkeiten. Die VERBLEIBSTUDIE MÜNSTER sagt aus, dass Integration von Menschen mit Lernschwierigkeiten nur gelingen kann, wenn sie zur *„'Chefsache' gemacht wird, jedenfalls auf der Ebene der Betriebsleitung ein persönliches Interesse daran besteht"* (KASSELMANN / RÜTTGERS 2005, S. 88).

Nach beruflicher Integration, wenige Sozialkontakte in der Freizeit!

Menschen mit Lernschwierigkeiten die auf dem allgemeinen Arbeitsmarkt arbeiten, verfügen mehrheitlich über wenige soziale Kontakte. Dies kompensieren sie über Kontakte zu ihrer Herkunftsfamilie, über eine Partnerschaft, über die Mitgliedschaft in Vereinen oder über professionelle Hilfsangebote. Schwierige Lebenssituationen bestehen dort, wo keine familiären Beziehungen, keine feste Partnerschaft und kaum Freundschaften mehr vorhanden sind. Dann ist insbesondere der Arbeitsplatz für Menschen mit Lernschwierigkeiten ein wichtiger Bestandteil ihres Lebens. Die Fokussierung auf die Arbeit erweist sich für die Betroffenen gleichermaßen als eine Strategie, um die wenigen sozialen Kontakten in ihrer Freizeit auszugleichen. Mehrheitlich ist davon auszugehen, dass sich die Personen mit dieser Situation arrangiert und abgefunden haben, da kaum darüber geklagt wird und auch Wünsche nicht in diese Richtung geäußert werden. Die VERBLEIBSTUDIE MÜNSTER macht dazu drastischere Aussagen. *„Bezüglich einer größeren Zahl von Personen (6 oder 7) wurde hierzu auf z. T. erhebliche Integrationsdefizite hingewiesen, die sich in Isolation und Vereinsamung, Verwahrlosungstendenzen, finanzieller Ausbeutung und Alkoholproblemen äußern"* (KAßELMANN / RÜTTGERS 2005, S. 88).

9.1.2 Welche Konsequenzen ergeben sich aus diesen Ergebnissen für die Soziale Arbeit?

Die Schaffung von Kontaktmöglichkeiten für Menschen mit Lernschwierigkeiten, welche auf dem allgemeinen Arbeitsmarkt tätig sind!

Um auf die geringen sozialen Kontakte dieser Personengruppe zu reagieren, muss seitens der Sozialen Arbeit das Angebot einer regelmäßigen Austausch- bzw. Freizeitgruppe eingerichtet werden. Hier könnten verschiedene Themen wie z. B. Lebens- bzw. Zukunftsplanung, Problembewältigung und Lösungsstrategien bei Konflikten am Arbeitsplatz angeboten werden. Durch zusätzliche Freizeitangebote könnten diese Treffen ergänzt werden. Die Gruppen sollten zeitlich so organisiert sein, dass sie eine Vielzahl der Betroffenen auch nach Feierabend nutzen können. Auch Urlaubsreisen könnten je nach Bedarf vermittelt oder gänzlich organisiert und betreut durchgeführt werden. Gegebenenfalls können sich durch die gemeinsamen Aktivitäten verbindliche Freundschaften oder Paarbeziehungen bilden, da für die vermittelten Menschen mit Lernschwierigkeiten auch hierbei Schwierigkeiten bestehen. Besonders hervorzuheben ist, dass allein die Möglichkeit im Austausch, von den Lebensentwürfen und der Lebensgestaltung anderer Menschen mit Lernschwierigkeiten zu lernen, einen unterstützenden Einfluss auf ihre positive Lebensgestaltung und Lebensbewältigung hat!

Die Qualifizierung zum Übergangshelfer bzw. Integrationsberater!

Die Vorbereitung und Vermittlung der genannten Personengruppe verlangt der Sozialen Arbeit neue Qualitäten ab. Diese sind vielfältig und bedürfen berufsbegleitender Fortbildungen und Schulungen, u. a. in den Bereichen: Akquisitionsstrategien, Verhandlungsstrategien im Betrieb, Kreativität bei der Arbeitsplatzsuche und Platzierung, bzw. Nischenfindung, Kenntnisse über unterschiedliche Berufsfelder und Tätigkeitsgebiete, Konstruktives Reagieren auf den Wandel des Arbeitsmarktes, Kenntnisse über Behinderungen und ihre Auswirkungen am Arbeitsplatz.

Sicherung einer professionellen Unterstützung bei Problemen am Arbeitsplatz!

Die Befragung hat deutlich gemacht, dass Menschen mit Lernschwierigkeiten Hilfestellung bei größeren Konflikten und Problemen am Arbeitsplatz benötigen. Es gibt Personen, deren Arbeit sich gewandelt hat, so dass sie jetzt nicht mehr optimale Arbeitsbedingungen für sich antreffen, was immer wieder zu Problemen führt. Daher muss die Soziale Arbeit eine langfristige und bedarfsorientierte Unterstützung am Arbeitsplatz herstellen, um im Sinne einer Kündigungsprävention das Arbeitsverhältnis der Betroffenen zu sichern. DOOSE berichtet, dass es in 40% der Arbeitsverhältnissen zu größeren Probleme kam. Die Problembereiche waren vorrangig *„private Probleme (46%), gesundheitliche Probleme (32%), Probleme mit Kollegen (26%), und der Arbeitsleistung (26%)"* (ebd. 07/2005, S. 11).

Sicherung einer professionellen Unterstützung im Übergang aus der WfbM auf den allgemeinen Arbeitsmarkt!

Die Soziale Arbeit muss für den Betroffenen eine intensive Unterstützung im Übergang auf den allgemeinen Arbeitsmarkt sicherstellen. Vorbereitende Abklärungen mittels interner Praktika, bzw. Praktika auf externen Trainingsarbeitsplätzen, in kooperierenden Betrieben über die Eignung und die Interessen des Bewerbers, sollten schon vorab durch entsprechende Fachkräfte des Sozialdienstes durchgeführt werden. Auch ein Erfahrungsaustausch, zwischen bereits vermittelten Menschen mit Lernschwierigkeiten und interessierten Personen aus der WfbM sollte hier im Rahmen der Vorbereitung auf den allgemeinen Arbeitsmarkt durchgeführt werden. Zusätzliche Qualifikationselemente, wie z. B. Maschinenlehrgänge oder der Staplerführerschein ergänzen die Vorbereitung. Bei einer Eignung sollte die Kooperation mit den Integrationsfachdiensten wahrgenommen und die Person an diesen überwiesen werden. Um den Betroffenen eine auf ihre Bedürfnisse ausgerichtete Einarbeitung zu ermöglichen, muss jegliche Unterstützungsform ausreichende Kapazitäten für eine intensive Anleitung und Betreuung am Arbeitsplatz (Job – Coaching[26]) vorhalten.

Regionale Vernetzung für bessere Integrationsergebnisse aus der WfbM heraus!

Einige WfbM erzielen sehr gute Erfolge innerhalb der Integration aus der WfbM auf den allgemeinen Arbeitsmarkt. Davon sollten auch andere WfbM der Region profitieren! Best - practice Beispiele müssen sich herumsprechen und daher regional ausgetauscht werden. Daher sollte ein Arbeitskreis eingerichtet werden, der zu dieser Thematik arbeitet. Er sollte aus Mitarbeitern der unterschiedlichen WfbM, Mitgliedern der Fachausschüsse, Mitarbeitern der Integrationsfachdienste und Ansprechpartner der zuständigen Behörden bestehen.

Sozialpolitische Forderungen nach Verbesserung von finanziellen Förderungen im Übergang aus der WfbM auf den allgemeinen Arbeitsmarkt für die Arbeitgeber!

Hier muss die Forderung bekräftigt werden, dass für eine erfolgreiche Integration auch ausreichend finanzielle Anreize für interessierte Arbeitgeber zur Verfügung stehen müs-

---

[26] Begriff aus dem amerikanischen Konzeptes des „Supported-Employment" (BARLSEN / BUNGART 1999, S.43). Ein Job – Coach sichert in den ersten Tagen bis Wochen eine intensive Begleitung innerhalb des Einarbeitungsprozesses. Er trainiert mit dem Betroffenen, je nach Anforderung die verschiedenen Arbeitsschritte direkt am Arbeitsplatz.

sen! Jedoch sind im Übergang von der WfbM auf den allgemeinen Arbeitsmarkt die Eingliederungszuschüsse der Arbeitsagenturen in den letzten Jahren stark rückläufig. Da WfbM-Beschäftigte nicht zu den Leistungsempfängern der Arbeitsagenturen gehören, können die potenziellen Arbeitgeber bei einer Einstellung nur noch eine geringe Förderung erhalten. Diese Ausgangslage stellt für den Arbeitgeber kaum noch einen Anreiz für eine Einstellung dar. Ressourcenorientiert müsste sich die Soziale Arbeit in diesem Sinne auf die Suche nach weiterer finanzieller Unterstützung durch andere Kostenträger machen. Im Speziellen müsste die Orientierung hin zu Kostenträgern gehen, welche durch eine Vermittlung aus der WfbM auf den allgemeinen Arbeitsmarkt einen Vorteil erzielen. Zu nennen wäre hier der überörtliche Träger der Sozialhilfe, welcher durch eine Vermittlung durchaus Kosten im Bereich der Werkstattarbeitsplätze einsparen könnte.

Sozialpolitische Forderung nach einem Integrationsanreiz, bzw. Ausgleich für WfbM!

Wie kommt es, dass es WfbM gibt, die seit Jahren keinen einzigen Übergang aus der WfbM auf den allgemeinen Arbeitsmarkt verzeichnen können? Vielleicht besteht ein Zusammenhang darin, dass WfbM auch wirtschaftlich denken müssen und auf leistungsstarke Beschäftigte nur schwer verzichten können. Ein finanzieller Anreiz könnte den WfbM helfen, die Nachteile der Vermittlung eines leistungsstarken Mitarbeiters auszugleichen. Gleichermaßen könnte dieser der WfbM einen Anreiz geben, sich stärker um das Ziel der Integration von leistungsstarken Beschäftigten auf dem allgemeinen Arbeitsmarkt zu bemühen. Dies wurde schon innerhalb eines rheinischen Modellprojektes erfolgreich umgesetzt: Das Rheinische Sozialamt und das Rheinische Integrationsamt griffen das Ziel der Verbesserung der Übergänge aus der WfbM auf den Arbeitsmarkt auf und warben dafür bei den WfbM. Das Modellprojekt[27] des Landschaftsverbandes Rheinland profitierte davon, so dass den Integrationsfachdiensten von den WfbM Personen zur Unterstützung im Übergang auf den allgemeinen Arbeitsmarkt genannt wurden. Die am Modellprojekt beteiligten WfbM, bekamen als Anreiz und Ausgleich für finanzielle Nachteile bei Vermittlung eines Leistungsträgers die Pauschale der WfbM für sechs Monate zu 50% nach Verlassen der WfbM weiter. Die Kosten dafür wurden aus Mitteln des Rheinischen Sozialamtes finanziert: Die Zahl der Übergänge auf den allgemeinen Arbeitsmarkt, ließ sich durch das Projekt in den beteiligten WfbM deutlich steigern (vgl. SCHARTMANN / ROHDE 07/2005, S. 15).

---

[27] Laufzeit: 01.01.2002 – 31.12.2003. Das Projekt ist anschließend vom rheinischen Integrationsamt regelfinanziert worden.

9.2 Konzeptentwicklung im Übergang WfbM / allgemeiner Arbeitsmarkt

Im Rahmen konzeptioneller Überlegungen für den Übergang aus der WfbM auf den allgemeinen Arbeitsmarkt, werden die gewonnenen Forschungsergebnisse als Anregung für die Arbeit der Integrationsfachdienste übertragen. Folgende Vorgehensweise erscheint demnach sinnvoll:

Kooperation mit den Fachausschussmitgliedern und den Mitarbeitern der WfbM.

- Integration auf den allgemeinen Arbeitsmarkt als Schwerpunktthema einbringen und bei Behörden und Institutionen stärker ins Bewusstsein rücken. Mitwirkung innerhalb der Umsetzung personenbezogener Förderpläne.
- Maßnahmen zur Verbesserung des Überganges anregen, z.B. Projekte zur Vorbereitung der Teilnehmer auf den allgemeinen Arbeitsmarkt in den WfbM einrichten. Die Projektmitarbeiter bedürfen einer fachspezifischen Schulung.
- Anregung von Vorbereitungsmaßnahmen, welche die WfbM durchführen kann:

a.) Fachpraktische Qualifizierungen auf internen Trainingsarbeitsplätzen

b.) Einarbeitungsbegleitung durch Job – Coaching

c.) Verkehrs- und Mobilitätstraining

d.) Einrichtung von Außenarbeitsgruppen

e.) Schulungen innerhalb der Bedienung von Fahrzeugen, Maschinen und Werkzeugen

f.) Maßnahmen auf Trainingsarbeitsplätzen in Kooperationsbetrieben der WfbM.

- Die Qualifizierung von Menschen mit Lernschwierigkeiten erfolgt unter Berücksichtigung der Leichten Sprache.
- Im Berufsbildungsbereich wird eine frühzeitige Platzierung auf einen ausgelagerten WfbM Arbeitsplatz angestrebt, gegebenenfalls direkt nach dem Eingangsbereich.

Kooperation mit dem Elternhaus.

- Die Unterstützung durch das Elternhaus anregen.
- Den Integrationsgedanken transportieren.
- Anregung der aktiven Förderung der Selbstständigkeit des Betroffenen

Kooperation mit Betrieben.

- Akquisition geeigneter Praktikumsplätze mit und ohne Übernahmeoption.
- Gestaltung von geeigneten Rahmenbedingungen für die betriebliche Integration von Menschen mit Lernschwierigkeiten.
- Unterstützung der sozialen Integration des Bewerbers in den Betrieb.
- Einrichtung eines breiten Angebotes an Arbeitsmöglichkeiten im Sinne von ausge-

lagerten WfbM - Arbeitsplätzen auf dem allgemeinen Arbeitsmarkt.

- Weitere psychosoziale Begleitung bei sozialversicherungspflichtiger Einstellung und langfristige Sicherung des Arbeitsverhältnisses durch eine bedarfsorientierte Nachsorge.

Schaffung von Kontaktmöglichkeiten zwischen Personen die auf ausgelagerten Arbeitsplätzen und die in regulären Arbeitsverhältnissen tätig sind.

- Einrichtung einer Möglichkeit der Begegnung nach Feierabend, z.b. im Rahmen eines Stammtisches oder eines offenen Angebotes mit festem Treffpunkt.
- Zusätzliche Schulungs- und Informationsangebote, z.b. Konfliktregelung am Arbeitsplatz oder rechtliche Informationen.
- Zusätzliche Freizeitangebote.

Öffentlichkeitsarbeit

- Veröffentlichung von Integrations- und positiven Betriebsbeispielen.
- Einrichtung eines Arbeitskreises, welcher aus Mitarbeitern der regionalen WfbM, des Integrationsfachdienstes und Ansprechpartnern der zuständigen Behörden besteht.
- Austausch mit den Kostenträgern über notwendige und sinnvolle finanzielle Förderungen im Übergang WfbM / allgemeiner Arbeitsmarkt.

10 SCHLUSSBETRACHTUNG

Menschen mit Lernschwierigkeiten, welche den Übergang aus der WfbM auf den allgemeinen Arbeitsmarkt bewältigt haben, stellen nur eine sehr kleine Gruppe dar und gehören immer noch nicht zur Normalität in der Arbeitswelt. Deswegen sind die, die es geschafft haben, sehr stolz auf sich! Zu Recht, denn sie haben sich behauptet, haben ihre eigenen Erfahrungen gemacht, sind einen individuellen Weg gegangen und haben damit den für sie vorgezeichneten Berufsweg verlassen. Sie hatten die Chance und nutzten sie, um auszuwählen, auszuprobieren und sich zu qualifizieren. Der neue Weg entstand beim Gehen und zwar Schritt für Schritt und endete vielfach in einem Beschäftigungsverhältnis. Menschen mit Lernschwierigkeiten haben bewiesen, dass sie die Anforderungen auf dem allgemeinen Arbeitsmarkt erfüllen können, wenn sie auf geeignete Arbeitsplätze integriert werden. Diese sind vorrangig einfach strukturiert und haben ihren Schwerpunkt in körperlich ausgerichteter Arbeit.

Menschen mit Lernschwierigkeiten sind jedoch von dem Wandel auf dem Arbeitsmarkt, dem Abbau einfach strukturierter Arbeitsplätze und der hohen strukturellen Arbeitslosigkeit stark betroffen. Arbeitsplätze in der Produktion werden abgebaut, Arbeitsplätze im Dienstleistungsbereich sind oftmals zu anspruchsvoll. Dem zu Folge wird es immer schwieriger, geeignete Arbeitsplätze zu finden. Einfache Arbeiten werden vielfach an Fremdunternehmen vergeben, wie z. B. Reinigungsdienste. Hier herrschen Arbeitsbedingungen vor, welche für Menschen mit Lernschwierigkeiten nicht geeignet sind. Der Trend, in Auftragsspitzenzeiten nicht befristet einzustellen, sondern Zeitunternehmen zu beauftragen, hat massiv zugenommen. So wird das Arbeitsplatzangebot für Menschen mit Lernschwierigkeiten immer schmaler.

Das Ziel eines unbefristeten und somit langfristig ausgelegten Beschäftigungsverhältnisses, kann heute höchstens nach langer Suche und Erprobungsphase gelingen. In der Vergangenheit konnte oftmals direkt im Anschluss an ein Praktikum ein Arbeitsplatz gefunden werden. Heute wechselt ein Bewerber nach seinem Praktikum vielfach zunächst auf einen ausgelagerten WfbM - Arbeitsplätze, um sich dort weiter zu bewähren. Doch daraus ergeben sich nicht immer Arbeitsverhältnisse! Teilweise ist zu beobachten, dass sich die Betriebe an diese Form der Beschäftigung gewöhnen und im Anschluss daran keine Einstellung, sondern eine unbefristete Fortführung des ausgelagerten Arbeitsplatzes wünschen. In diesem Zusammenhang ist die Reduzierung der Eingliederungszuschüsse durch die Arbeitsagenturen als problematisch anzusehen, da sie den Betrieben keinen großen Anreiz mehr zur Einstellung bieten. Noch vor zehn Jahren gab es für interessierte Arbeitgeber im Übergang aus der WfbM auf den allgemeinen Arbeitsmarkt eine hohe dreijährige Lohnkostenförderung! Die heutige Förderung ist bei weitem nicht ausreichend, um Arbeitgeber zur Einstellung zu motivieren.

Trotz der Verschlechterung der Vermittlungschancen, machen Integrationsbemühungen für den Einzelnen Sinn! Als sinnvolle Belastungserprobung und als „Türöffner" zu Betrieben, hat sich das Praktikum bewährt. Dadurch erhalten Arbeitnehmer und Arbeitgeber die unverbindliche Möglichkeit, sich in der Praxis kennen zu lernen und eine Arbeitsbeziehung aufzubauen. Der Integrationsberater kann in dieser Zeit schon auf Anschlussmöglichkeiten und Förderungen hinweisen. Ein guter persönlicher Kontakt zu den Betrieben sowie Vernetzung stellt daher einen wichtigen Inhalt der Integrationsarbeit dar. Er kann den Weg des Bewerbers in ein Beschäftigungsverhältnis auf den allgemeinen Arbeitsmarkt ebnen.

Doch nur gut vorbereitete Bewerber können den Übergang aus der WfbM bewältigen. Idealerweise sollten sie vorab an entsprechenden Vorbereitungsmaßnahmen der WfbM teilgenommen haben. Sinnvoll erscheint auch ein Austausch zwischen den ehemaligen Beschäftigten der WfbM, welche nun auf dem allgemeinen Arbeitsmarkt arbeiten und Bewerbern der WfbM, die dieses Ziel verfolgen. Gesetzliche Verbesserungen für den Übergang aus der WfbM wurden geschaffen. Trotzdem erhalten die WfbM bislang keine Regelfinanzierung für Fachpersonal, welches sich mit diesen zeitintensiven Aufgaben befasst! Einzelne WfbM richten deshalb selbständig Projekte im Übergang aus der WfbM auf den allgemeinen Arbeitsmarkt ein. Die Arbeit dieser Projekte weist in die richtige Richtung und sollte daher auf Dauer erhalten bleiben.

Personen die den Sprung auf den allgemeinen Arbeitsmarkt geschafft haben geben an, dass sie sich innerhalb ihres Betriebes sozial integriert fühlen. Dies widerspricht der Befürchtung vieler Eltern, dass ihre Kinder in regulären Betrieben von anderen Personen übervorteilt werden. Die Zufriedenheit mit der beruflichen Situation überwiegt, obwohl private Kontakte zu Kollegen kaum stattfinden. Für berufstätige Menschen mit Lernschwierigkeiten ist es deshalb besonders wichtig, die Möglichkeit zu haben, in ihrer Freizeit freundschaftliche Kontakte zu knüpfen. Wechselnde Arbeitszeiten können sie im Aufbau ihrer Sozialkontakte beeinträchtigen. Spezielle Freizeitangebote für diese Personengruppe, sind nicht vorhanden. Die Soziale Arbeit sollte entsprechende Begegnungsmöglichkeiten schaffen. Sie sollte außerdem am Arbeitsplatz der Personen eine langfristig ausgelegte, psychosoziale Betreuung gewährleisten, da die befragten Personen äußerten, dass sie bei Problemen am Arbeitsplatz vielfach eine Unterstützung benötigen.

Integrationsfachdienste begleiten Menschen mit Behinderung auf ihren Weg in den allgemeinen Arbeitsmarkt und geben Unterstützung in bestehenden Arbeitsverhältnissen. Obwohl die Zahl der arbeitslosen Menschen mit Behinderung hoch ist, befindet sich die Arbeit der Integrationsfachdienste in einer schwierigen Lage. Integrationsfachdienste sind zwar gesetzlich verankert, müssen jedoch aktuell um ihr Überleben kämpfen! Um ihre Finanzierung zu stabilisieren, müsste das Angebot der IFD durch die Rehabilitationsträger stärker genutzt werden. Doch den politischen Druck der Kosteneinsparung spüren die IFD momentan anhand einer niedrigen Beauftragungsrate. Hoffnungen birgt das neue Bundesprogramm *„Job 4000"* (BMAS 2006, S. 5427). Es startet im Januar 2007 und sieht vor, die Arbeit der IFD finanziell zu unterstützen. Mit ihrer Hilfe sollen mindestens 2500 schwerbehinderte Menschen in Arbeit integriert werden. Hierbei handelt es sich vorrangig um schwerbehinderte Jugendliche im Übergang Schule – Beruf. Der Bund plant unter Beteiligung der Länder, die Arbeit der IFD mit 11,25 Mio. € aus Mitteln des Ausgleichsfond zu fördern (vgl. BMAS 2006, S. 5427).

11 AUSBLICK

Ein zunehmender Anteil von Personen, wird vom allgemeinen Arbeitsmarkt ausgegrenzt. Bei dieser Arbeitsmarktentwicklung besteht die Gefahr, dass sich die Beschäftigungslage für Menschen mit Lernschwierigkeiten noch weiter verschlechtert. Allgemein werden Erwerbsarbeitsplätze immer stärker abgebaut. Voraussichtlich müssen ungelernte Personen in Zukunft zur Sicherung ihrer Existenz an zwei oder drei Arbeitsplätzen flexibel arbeiten. Diese unbeständigen Bedingungen sind für Menschen mit Lernschwierigkeiten nur schwer leistbar. Integrationsbemühungen der Integrationsfachdienste werden zukünftig wohl noch stärker im Verhältnis zu Kosten und Zeit gesehen. Zu befürchten ist, dass sich dies für Menschen mit Lernschwierigkeiten innerhalb der notwendigen Betreuungsintensität und -dauer, negativ auswirkt. Der mehrheitlichen Zahl von Menschen mit Lernschwierigkeiten könnten in Zukunft nur noch die folgenden Wege offen stehen: Langzeitarbeitslosigkeit, vorzeitige Verrentung und die WfbM. Damit verzichtet unsere Gesellschaft auf Leistungskapazitäten und Ressourcen, die Menschen mit Lernschwierigkeiten besitzen und einbringen könnten. Sollte der Trend in die WfbM anhalten so müsste diese ihr Angebot dahingehend weiterentwickeln, dass sie ihre ausgelagerten Arbeitsplätzen ausbaut, um den Beschäftigten wenigstens so eine Teilhabe am allgemeinen Arbeitsmarkt zu ermöglichen.

Bezogen auf den Wert von Erwerbsarbeit setzt jetzt schon ein Wertewandel ein! Es ist durchaus möglich, dass Integrationserfolg in Zukunft an etwas anderem als Erwerbsarbeit festgemacht werden muss. Soziale Arbeit wird daher auch in Zukunft gefordert sein, um sich einzumischen, um innerhalb sozialpolitischer Gremien den sozialen gesellschaftlichen Wandel zu reflektieren und seine Folgen aufzuzeigen!

Anlagen

1. Fragen zur Person:

Name

Alter

Familienstand

Wohnsituation

Vorgeschichte, berufl. Werdegang

Mögliche Ergänzungsfragen:

01. Wie lange warst Du vorher in der WfbM beschäftigt?

02. Was hast Du früher in der WfbM für eine Tätigkeit gemacht?

03. Seit wann bis Du auf dem allgemeinen Arbeitsmarkt beschäftigt?

2. Beruflicher Bereich und Mobilität:

Frage 1: Bist Du zufrieden mit deiner jetzigen beruflichen Tätigkeit?

Mögliche Ergänzungsfragen:

01. Was machst Du heute für eine berufliche Tätigkeit?

02. Wie sieht ein normaler Arbeitstag bei Dir aus?

03. Kannst Du das alles oder hast Du bei irgendetwas Schwierigkeiten?

04. Wer hilft Dir bei Schwierigkeiten?

05. Gibt es Kollegen die Du besonders magst?

05. Was kannst Du allein, welche Unterstützung brauchst Du?

08. Worin unterscheiden sich die beiden Jobs: WfbM und allgemeiner Arbeitsmarkt?

09. Was war damals in der WfbM besser als in Deinem heutigen Job?

10. Wie viel Geld verdienst Du momentan?

11. Wie teilt sich Dein Geld dann auf (Miete, Taschengeld, Busfahrkarte, Freizeit)?

Frage 2: Bewältigst Du Deinen Weg zur Arbeit selbständig?

Mögliche Ergänzungsfragen:

01. Wie kommst Du derzeitig zur Arbeit?

02. Wie bist Du damals zur WfbM gekommen?

03. Was fällt Dir schwer bei der Bewältigung Deines Arbeitsweges? (Müdigkeit morgens, saisonale Veränderungen des Busplanes Winter/Sommer)

04. Kannst Du beschreiben woran Du merkst, dass Du sicherer in diesem Bereich geworden bist?

3. Privat- und Wohnbereich:

Frage 3: Bist Du mit deinen sozialen Kontakten im Privatbereich zufrieden?

Mögliche Ergänzungsfragen:

01. Wie sieht denn dein Privatleben aus?

02. Was machst Du am Feierabend und an Wochenenden?

03. Was machst Du momentan in Deiner Freizeit?

04. Bist Du in einem Verein?

05. Triffst Du Dich mit Freunden?

06. Was machen Deine Freunde beruflich?

07. Bestehen Kontakte zu Deinen Arbeitskollegen und Kolleginnen in Deiner Freizeit?

08. Wenn Du Dir etwas wünschen könntest, wie würde dann Dein Alltag aussehen?

09. Besteht bei Dir ein Interesse an einer Freizeitgruppe die sich regelmäßig trifft um z.B. gemeinsam ins Kino zu gehen?

10. Mit wem fährst Du in den Urlaub?

11. Wer hilft Dir bei Problemen im Privatbereich?

Frage 4: Wie zufrieden bist Du mit Deiner derzeitigen Wohnsituation?

Ergänzungsfragen:

01. Wie hast Du vorher gewohnt und wie wohnst Du jetzt?

02. Welche Aufgaben hatte die Betreuung früher und welche Aufgaben hat die Betreuung jetzt?

03. Wenn Reparaturen anfallen oder Schlussrechnungen kommen, wer erledigt diese?

04. Hilft Dir jemand bei Deinen Einkäufen?

05. Kochst Du selbständig? Was kochst Du?

06. Machst Du Dir Brote für die Arbeit?

07. Hilft Dir jemand beim Saubermachen Deiner Wohnung, z.B. Fensterputzen?

08. Wer hilft Dir bei Problemen im Wohnbereich?

Bereich Kommunikation u. Verhalten

Frage 5: Hat es etwas gegeben, was Du in Deinem Verhalten verändern musstest?

<u>Ergänzungsfragen:</u>

01. Wie und woran hast Du gemerkt, dass man sich auf dem allgemeinen Arbeitsmarkt anders verhalten muss als in der WfbM?

02. Was hat Dir dabei Probleme bereitet?

03. Wer half Dir bei Problemen am Arbeitsplatz?

04. Hast Du Konflikte am Arbeitsplatz selbständig lösen können?

05. Was würde Dir Deiner Meinung nach bei Konflikten am Arbeitsplatz helfen (regelmäßige Gruppe, Betriebsbesuche, Telefongesprächsangebote etc.)?

1 Das Interview mit Interviewpartner 1 (IP1)

2 **Interviewpartner 1:** Frau A. im Gespräch mit Sylvia Rose (SR)

3 **Datum:** 09. Februar 2006

4 **Ort:** Betrieb

5 **Zeit:** 9:30 – 10:00 Uhr

6   SR: **Wie ist dein Name?**

7   IP1:   A.

8   SR: **Wie alt bist du?**

9   IP1:   (..) 48

10 SR: **Familienstand**

11 IP1:   Keines.

12 SR: **Ledig bist du?**

13 IP1:   Ja ledig! (sicher)

14 SR: **Wohnsituation?**

15 IP1:   Bad Oeynhausen.

16 SR: **Ja, und da wohnst Du allein?**

17 IP1:   Ja, alleine.

18 SR: **Wie lange warst Du vorher in der Werkstatt für behinderte Menschen?**

19 IP1:   (..) Drei Jahre.

20 SR: **Was hast Du in der Werkstatt für behinderte Menschen für eine Tätigkeit ge-**
21   **macht?**

22 IP1:   (..) Alkohol verpackt, Eierlikör verpackt.

23 SR: **Seit wann bist Du auf dem allgemeinen Arbeitsmarkt beschäftigt?**

24 IP1:   (Pause) Seit ich unten in der Werkstatt bin?

25 SR: **Nein bei Fa. D.?**

26 IP1:   Da weiß ich jetzt nicht mehr. Das weiß ich nicht mehr! .. Auch einige Jahre!

27 SR: **Ich habe nachgeschaut seit 1997.**

28 IP1:   Ja, das könnte hinkommen. Ja.

29 SR: **Und dann hast Du nochmals gewechselt, hier in die Fa. W. als Reinigungs-**
30   **kraft?**

31 IP1:   Ja.

32 SR: **Und hier bist Du jetzt auch schon 5 Jahren?**

33 IP1:   Ja 5 Jahre, (..) ja 5.

34 SR: **Bist du zufrieden mit deiner jetzigen beruflichen Tätigkeit?**

35 IP1:   Ja, bin ich zufrieden! (sicher)

36 SR: **Was machst Du für eine Tätigkeit im Moment?**

37	IP1:	Betten und (..) und wischen und alles saubermachen was hier anliegt, saugen
38		und Staub putzen.
39	SR:	**Also der Reinigungsbereich? Hauswirtschaftsbereich?**
40	IP1:	Ja, mhm. (Zustimmung)
41	SR:	**Brauchst Du Unterstützung bei der Arbeit?**
42	IP1:	Nein, brauche ich nicht! Mache alles selbständig sauber, alleine! (sicher)
43	SR:	**Worin unterscheiden sich jetzt die beiden Jobs für dich? Der Job in der**
44		**Werkstatt für behinderte Menschen und auf dem allgemeinen Arbeitsmarkt?**
45	IP1:	(..) Nein so wie jetzt ist besser!
46	SR:	**Ist besser? Hat es Dir in der Werkstatt für behinderte Menschen nicht so gut**
47		**gefallen?**
48	IP1:	Ach es geht, ab und zu hat es mir Spaß gemacht, ab und zu nicht so viel
49		Spaß. (.)
50	SR:	**Warum hat es dir nicht so viel Spaß gemacht?**
51	IP1:	Weil, die haben mich ja immer so viel geärgert in der Gruppe. (..) Aber aus Spaß,
52		und das konnte ich manchmal auch nicht haben. (.)
53	SR:	**Wie viel Geld verdienst du momentan?**
54	IP1:	(..) Arbeitsgeld?
55	SR:	**Ja.**
56	IP1:	Neun von den Hunderter kriege ich und paar gequetschte (..) verdiene ich hier.
57	SR:	**Wie bewältigst du deinen Weg zur Arbeit? Wie kommst du zur Arbeit?**
58	IP1:	(..) Morgens vom ZOB bis hier oben hin zur Fa. W. mit dem Bus.
59	SR:	**Damit hast du keine Probleme?**
60	IP1:	Nein, schaffe ich alles alleine! (sicher)
61	SR:	**Hast du viele Freunde?**
62	IP1:	Nein, nicht allzu viele. (.)
63	SR:	**Und mit wem verbringst du deine Freizeit?**
64	IP1:	Alleine. Aber mit den Nachbarn, mit dem Nachbarhaus habe ich Kontakt noch
65		hin. (..) Auf zwei Seiten wohnen die Nachbarn, da habe ich auch Kontakt mit.
66		Unterhalten uns auch immer noch bisschen wenn ich da lang komme, rein gehe.
67	SR:	**Mit wem fährst du in den Urlaub?**
68	IP1:	Mit E. diesmal. (..) Andreasberg hin (')
69	SR:	**Das ist ein professioneller Helfer?**
70	IP1:	Ja.
71	SR:	**Besteht bei dir Interesse an einer Freizeitgruppe die sich regelmäßig trifft,**
72		**z.B. ins Kino geht?**

V

73	IP1:	Habe ich nicht, habe ich nicht. Gar nicht.
74	SR:	**Ja, würdest du dir das vielleicht wünschen? Wir haben ja früher mal eine**
75		**Freizeitgruppe angeboten.**
76	IP1:	Ja das weiß ich! (sicher)
77		(..) Ach würde ich wohl, ja wenn das in der Nähe wäre und ich abgeholt werde und
78		wieder nach Hause gebracht werde. Abends ein bisschen rauskommen. (..) Meis-
79		tens vielleicht Freitagabend so oder samstags mal. So mal ins Kino oder was weiß
80		ich.
81	SR:	**Wenn du dir etwas wünschen könntest, wie würde dann dein Alltag aus-**
82		**sehen?**
83	IP1:	Was soll ich mir denn wünschen? (') (Lachen)
84	SR:	**Du bist wunschlos glücklich?**
85	IP1:	Ja. (Lachen) Wunschlos glücklich. (') (Lachen)
86	SR:	**Wie zufrieden bist du mit deiner derzeitigen Wohnsituation? Du wohnst al-**
87		**lein!**
88	IP1:	Ja ganz alleine. Ja.
89	SR:	**Wer hilft dir wenn es mal um die Nebenkostenrechnung der Wohnung geht?**
90	IP1:	Frau L. (..) die hilft mir, die macht das alles für mich, die
91		Schreibarbeiten und alles. (sicher)
92	SR:	**Sie ist deine gesetzliche Betreuerin?**
93	IP1:	Die macht das. Ja.
94	SR:	**Aber saubermachen, Fenster putzen, kochen, einkaufen?**
95	IP1:	Das mach ich alles alleine. Einkaufen, Kochen alles alleine. (sicher)
96	SR:	**Hat es etwas geben, was du in deinem Verhalten verändern musstest, als du**
97		**aus der Werkstatt für behinderte Menschen auf den allgemeinen Arbeits-**
98		**markt wechseltest?**
99	IP1:	Nein, (..) nein brauchte nichts verändern.
100	SR:	**Wer hilft dir bei Problemen am Arbeitsplatz?**
101	IP1:	Das besprechen wir zusammen, wenn ich Probleme habe. Aber ich habe keine
102		Probleme. (sicher)
103	SR:	**Wenn, dann hilft dir der Bereichsleiter?**
104	IP1:	Ja.
105	SR:	**Wie hast du gemerkt, dass man sich auf dem allgemeinen Arbeitsmarkt an-**
106		**ders verhalten muss als in der Werkstatt für behinderte Menschen?**
107	IP1:	Ja, hier muss man freundlich sein und zu den Mitarbeitern auch nett sein und
108		wenn es mit denen Ärger gibt, dann muss ich hier ins Dienstzimmer gehen und

109   Tür zu machen und mit denen besprechen was ich so (..) für Probleme habe.

110

111 Das Interview mit Interviewpartner 2 (IP2)

112 **Interviewpartner 2:** Herr L. im Gespräch mit Sylvia Rose (SR)

113 **Datum:** 09. Februar 2006

114 **Ort:** Betrieb

115 **Zeit:** 11:00 – 11:30 Uhr

116 SR: **Wie ist denn dein Name?**

117 IP2: Ich heiße L. aber meine Freunde nennen mich L. Auch die Kollegen

118 nennen mich L. Das ja, (..) gefällt mir besser.

119 SR: **L., wie alt bist du?**

120 IP2: Ich bin 32 jetzt.

121 SR: **Und vom Familienstand her?**

122 IP2: (..) Vom Familienstand?

123 SR: **Ledig wahrscheinlich?**

124 IP2: Ich bin ledig, ja ich habe noch nicht geheiratet.

125 SR: **Du wohnst allein oder mit Betreuung?**

126 IP2: Ich wohne alleine.

127 SR: **Wie war bislang dein beruflicher Werdegang?**

128 IP2: Mein beruflicher Werdegang? Also ich bin jetzt auf der freien Wirtschaft und.

129 (Pause)

130 SR: **Du warst früher in der Werkstatt für behinderte Menschen?**

131 IP2: Genau war ich. (sicher)

132 SR: **Wie lange?**

133 IP2: Das sind von (..) '92 (..) bis 2000.

134 SR: **Was hast du früher in der Werkstatt für behinderte Menschen für eine Tätig-**

135 **keit gemacht?**

136 IP2: Ich war Gartenlandschaftsgärtner. Und (..) ja die ganze Zeit gewesen.

137 SR: **Seit wann bist du auf dem allgemeinen Arbeitsmarkt beschäftigt?**

138 IP2: Ich bin seit 2000 auf der freien Wirtschaft. 2000 habe ich bei S. in der

139 Grünpflege begonnen.

140 SR: **Bist du zufrieden mit deiner jetzigen beruflichen Tätigkeit?**

141 IP2: Ja bin ich auf jeden Fall! (sicher)

142 SR: **Was machst du heute für eine berufliche Tätigkeit?**

143 IP2: Ich sortiere auf dem Müll.

144 SR: **Und wie sieht ein normaler Arbeitstag bei dir aus?**

145 IP2: Normaler Arbeitstag? Ich will jetzt nicht sagen (..) ja, täglich grüßt das Murmeltier.

146 Aber es ist auf jeden Fall (..) ich steh morgens auf, fahr zur Arbeit, im Moment

147		fangen wir um 7:30 an morgens, bis um 16:30 (..) generell. Es kann aber auch
148		sein das es früher Feierabend ist, weil dann im Moment so die Jahreszeit nicht
149		großartig was zu tun ist. Aber das ist mein Arbeitslauf (..) Tagesablauf.
150	SR:	**Kannst du auf der Arbeit alles selbständig oder gibt es irgendwelche**
151		**Schwierigkeiten?**
152	IP2:	Also Schwierigkeiten bei (..) ja hier auf dem Job gibt es schon ein paar Schwierig-
153		keiten. So wie den Bagger irgendwie zu betätigen, weil er halt (..) neu ist, habe ich
154		noch nie gemacht, hab immer nur einen kleinen Bagger gefahren. (..) Und ja die
155		LKWs zur Seite fahren, das kann ich noch nicht, werde ich auch noch nicht kön-
156		nen. Und den Radlader halt draußen auf der Straße fahren, das kann ich auch
157		noch nicht. (.) Weil der hat keine Bremse.
158	SR:	**Wer hilft Dir auf der Arbeit wenn es mal Schwierigkeiten gibt?**
159	IP2:	Alle. (sicher)
160	SR:	**Alle? Die Kollegen oder der Chef?**
161	IP2:	Alle! Sie sind alle für mich da. Die ganze Mannschaft ist, (..) alle sind alle für mich
162		da. Wir sind wie so eine kleine Familie.
163	SR:	**Also kann man sagen, dass du die Kollegen im Allgemeinen sehr gern**
164		**magst!**
165	IP2:	Ja.
166	SR:	**Gibt es Kollegen die du besonders magst?**
167	IP2:	Nein. (.)
168	SR:	**Worin unterscheiden sich die beiden Jobs, einmal der in der Werkstatt für**
169		**behinderte Menschen und der auf dem allgemeinen Arbeitsmarkt?**
170	IP2:	Okay, man muss (..) auf der freien Wirtschaft muss man bisschen schneller
171		werden, aber in der Werkstatt halt kannst du so arbeiten wie es, ich will jetzt
172		nicht sagen wie es dir passt, aber du musst dich nicht zu doll überarbeiten. Hier
173		muss ich mich auch nicht so doll überarbeiten, aber es muss schon bisschen
174		besser als in der Werkstatt, also von der Arbeitsleistung, (..) sein.
175	SR:	**Was war damals in der Werkstatt für behinderte Menschen besser als in**
176		**deinem heutigen Job?**
177	IP2:	(..) Nichts. (sicher) (Lachen)
178	SR:	**Wie viel Geld verdienst du momentan?**
179	IP2:	Wie viel Geld? Das sind 8 (..) nein 995 € verdiene ich monatlich.
180	SR:	**Bewältigst du deinen Weg zur Arbeit selbständig?**
181	IP2:	Teils, also wenn's im Moment Glatteis ist, dann (..) fahre ich von mir zum
182		Arbeitskollegen und dann fahre ich von ihm mit dem Auto. Ansonsten mit dem

183		Roller.
184	SR:	**Mit dem Rollerfahren kommst du zurecht und da gibt es keine Schwierig-**
185		**keiten?**
186	IP2:	Da gibt es keine Schwierigkeiten. Nur manchmal wenn er stehen bleibt, weil er
187		morgens nicht anspringen will.
188	SR:	**Bist du mit deinen sozialen Kontakten im Privatbereich zufrieden?**
189	IP2:	Ja sehr zufrieden. (sicher)
190	SR:	**Hast du Freunde?**
191	IP2:	Sehr viele.
192	SR:	**Was machen deine Freunde beruflich?**
193	IP2:	Nichts. (Lachen) Nein nicht alle. Es sind einige die Arbeiten in der Psychiatrie,
194		also als Betreuung und (..) die habe ich als Freunde! (') Es sind viele die, (Pause)
195		die machen (Pause) die leben von Sozialhilfe, sehr viele sogar und einige andere
196		sind Maler und Handwerker und so.
197		Also ich kenne sehr viele Handwerker. (sicher)
198	SR:	**Bist du in einem Verein?**
199	IP2:	In einem Verein nicht mehr.
200	SR:	**Was machst du momentan in deiner Freizeit?**
201	IP2:	Momentan in meiner Freizeit? Ja (..) meine Freizeit ist meine Freundin (') und (La-
202		chen) (..) ja und Freizeit (..) oft frühstücken mit meinem Freund und Freundin,
203		abends dann essen.
204	SR:	**Wenn du dir etwas wünschen könntest, wie würde dann dein Alltag aus-**
205		**sehen?**
206	IP2:	Mein Alltag? (Pause) Ja, (Lachen) schwierige, sehr schwierige Frage. (..) Mein
207		Alltag (..) ewig, ewig Arbeit zu haben, auf jeden Fall. (sicher) (..)
208		Und okay ich will jetzt nicht sagen, die Bezahlung könnte bisschen mehr sein.
209		Beim alten Betrieb war schon gut, sehr gute Bezahlung eigentlich bei S., was ich
210		da verdient habe (..) ja und (Pause) sonst ja.
211	SR:	**Bestehen denn Kontakte zu deinen Arbeitskollegen in deiner Freizeit.**
212	IP2:	(..) Ja.
213	SR:	**Wer hilft dir bei Problemen im Privatbereich?**
214	IP2:	Meine Freundin, also meine Freunde und ich habe eine gesetzliche Betreuung.
215		Und der hilft mir zum Beispiel bei Sachen, wenn ich auf der Arbeit bin und (..) es
216		müssen irgendwelche Überweisungen gemacht werden dann erledigt er das.
217	SR:	**Wie zufrieden bist du mit deiner derzeitigen Wohnsituation?**
218	IP2:	Ja geht so. (.) Also ich habe ein sehr gutes Verhältnis zu meiner Wohnsituation

219		außer, ich hab einen älteren Mann oben über mir wohnen und (..) der macht sehr
220		viel Stress (..) aber bei allem im Haus.
221	SR:	**Du wohnst schon Jahre da?**
222	IP2:	Genau. Ich wohne jetzt (..) mittlerweile kann man sagen acht Jahre seit '98.
223	SR:	**Und früher als du in der Werkstatt für behinderte Menschen tätig warst hast**
224		**du noch eine Wohnbetreuung gebraucht?**
225	IP2:	Genau.
226	SR:	**Die brauchst du jetzt nicht mehr?**
227	IP2:	Die brauche ich gar nicht. (sicher)
228	SR:	**Hat es etwas gegeben was du in deinem Verhalten ändern musstest im**
229		**Übergang auf den allgemeinen Arbeitsmarkt im Gegensatz zu einer Tätigkeit**
230		**in der Werkstatt für behinderte Menschen?**
231	IP2:	Nicht wirklich. Weil (..) das Einzige ist halt (..) mit der Schnelligkeit und sonst war
232		da nichts.
233	SR:	**Hast du Konflikte am Arbeitsplatz selbständig lösen können?**
234	IP2:	Jein, (..) ich hab das, ich hab, dadurch habe ich eine Betreuung bekommen. Damit
235		ich damals gegen S. so bisschen nachkommen (..) also entgegenkommen konnte.
236		Weil ich wollte ja nicht gleich mit Gericht und alles Mögliche. Ich wollte es auf die
237		sanfte Art, weil S. ist doch schon ein Mensch wo ich sagen muss (..) ich zieh mir
238		den Hut vor ihm. Und ich hab halt eine Betreuung vorgezogen.
239	SR:	**S. war dein damaliger Chef, der dich als Mitarbeiter aber nicht regelmäßig**
240		**bezahlt hat?**
241	IP2:	Genau am Anfang ging das (..) ging das gut, wunderbar. Aber so das letzte Jahr
242		war total schlimm (..) total schlimm. (')
243	SR:	**Und dadurch haben sich bei Dir auch Schulden aufgebaut.**
244	IP2:	Genau sehr viele Schulden sogar. (sicher)
245	SR:	**Und deswegen hast du von dir aus eine gesetzliche Betreuung angeregt?**
246	IP2:	Genau, genau weil ich hätte es nie so allein hingekriegt allein die Miete rüber zu
247		bezahlen (..) so weil es war ja nicht nur die Miete, es war ja die Nachzahlung die
248		ich (..). Ich hab ja nur (..) man muss sich das so vorstellen. Man zahlt ja ein, man
249		zahlt ja jeden Monat Miete und dann muss du von dieser Miete 100 € abziehen
250		und das ist das, was ich dann immer bezahlt habe und dann fehlten immer jeden
251		Monat die 100 €, weil ich es nicht konnte. Und irgendwann mal hat S. dann
252		gesagt, (..) komm ich mach das. Ich klär das, weil ich stand echt mit dem Brief in
253		der Hand, sieben Tage hab ich nur noch Zeit, dann muss ich gehen, dann muss
254		ich raus aus der Wohnung. Und dann hat S. da angerufen, hat das alles

255   geklärt und na irgendwann habe ich zu S. gesagt, ja ich muss zum Gericht (..)

256   wegen Betreuung, ich hab mir da eben etwas weiterhelfen können. Und S.

257   hat mich dann persönlich da hingefahren und (..) ja.

Das Interview mit Interviewpartner 3 (IP3)

Interviewpartner 3: Herr E. im Gespräch mit Sylvia Rose (SR)

Datum: 10. Februar 2006

Ort: Wohnung der Freundin

Zeit: 8:30 – 9:00 Uhr

SR:	**Wie ist dein Name?**	
IP3:	E.	
SR:	**Und wie alt bist du?**	
IP3:	42.	
SR:	**Welchen Familienstand hast du?**	
IP3:	(Pause) Bei meinen Eltern.	
SR:	**Du bist ledig? Unverheiratet.**	
IP3:	Ja. (sicher)	
SR:	**Wie wohnst Du?**	
IP3:	Gut sehr gut.	
SR:	**Gut, also einmal wohnst du bei deinen Eltern?**	
IP3:	Ja.	
SR:	**Aber du bist die meiste Zeit woanders?**	
IP3:	Ja.	
SR:	**Und wo?**	
IP3:	Bei meiner Freundin.	
SR:	**Wie war dein beruflicher Werdegang? Wie lange warst du vorher in der Werkstatt für behinderte Menschen?**	
IP3:	Das waren 9 Jahre.	
SR:	**Was hast du da früher in der Werkstatt für eine Tätigkeit gemacht?**	
IP3:	Da war ich in der Gärtnerei. Ja. (sicher)	
SR:	**Seit wann bist du auf dem allgemeinen Arbeitsmarkt beschäftigt?**	
IP3:	Seit lange. (')	
SR:	**Seit wann? Seit 1995?**	
IP3:	Ja '95. Ja.	
SR:	**Du bist also erst bei Fa. B. gewesen?**	
IP3:	Genau.	
SR:	**9 Jahre?**	
IP3:	7 Jahre. (sicher)	
SR:	**Ach 7 Jahre. Und danach warst du eine kurze Zeit arbeitslos und bist wieder über den Integrationsfachdienst vermittelt worden. In was für eine Tätigkeit?**	

294	IP3:	(..) Ins Freizeitzentrum..
295	SR:	**In welchen Bereich?**
296	IP3:	Theke (..) und Küche (..) ja.
297	SR:	**Bist du zufrieden mit deiner jetzigen beruflichen Tätigkeit?**
298	IP3:	Ja. (sicher) (')
299	SR:	**Wie sieht dein normaler Arbeitstag bei dir aus?**
300	IP3:	Ganz normal. (')
301	SR:	**Was für Tätigkeiten gehören denn zu deinem Arbeitsablauf?**
302	IP3:	Gläser spülen (..) Teller abwaschen (Pause) Flaschen so aussortieren (Pause)
303		alles sauber halten (..) das Kühlhaus sauber halten.
304	SR:	**Und du arbeitest bis in die Nacht hinein?**
305	IP3:	Bis in die Nacht! Ja.
306	SR:	**Kannst du das alles oder hast du bei irgendetwas Schwierigkeiten?**
307	IP3:	Ich kann das alles. (sicher)
308	SR:	**Gibt es Kollegen die du besonders magst?**
309	IP3:	(Pause) Ja.
310	SR:	**Machst du mit denen auch manchmal Privat etwas?**
311	IP3:	Nein. (sicher)
312	SR:	**Worin unterscheiden sich die beiden Jobs jetzt?**
313		**Einmal der Job in der Werkstatt für behinderte Menschen und der auf dem**
314		**allgemeinen Arbeitsmarkt?**
315	IP3:	Auf dem freien Arbeitsmarkt geht's ein bisschen flinker zu, also ein bisschen
316		schneller.
317	SR:	**Und daran hast du dich gewöhnt?**
318	IP3:	Ja (..) ja.
319	SR:	**Was war damals in der Werkstatt für behinderte Menschen besser als in**
320		**deinem heutigen Job?**
321	IP3:	(..) Da war nichts besser (..) nein
322	SR:	**Wie viel Geld verdienst du momentan?**
323	IP3:	1000 € (sicher)
324	SR:	**Netto?**
325	IP3:	Netto. Ja.
326	SR:	**Bewältigst du deinen Weg zur Arbeit selbständig?**
327	IP3:	Ja. (') (sicher)
328	SR:	**Wie kommst du zur Arbeit?**
329	IP3:	Mit dem Roller oder mit dem Bus.

330	SR:	**Und da hast du keine Probleme dabei?**
331	IP3:	Nein. (sicher)
332	SR:	**Bist du mit deinen sozialen Kontakten im Privatbereich zufrieden?**
333	IP3:	Ja. (.)
334	SR:	**Was machst du so am Feierabend und am Wochenende?**
335	IP3:	(..) Wochenende, ja so (..) da gehen wir so spazieren. (')
336	SR:	**Wir? Also?**
337	IP3:	Also jetzt so (..) also ich gehe ab und zu mal spazieren (..) raus ja.
338	SR:	**Mit deiner Freundin?**
339	IP3:	Ja.
340	SR:	**Bist du in einem Verein?**
341	IP3:	Nein.
342	SR:	**Triffst du dich mit Freunden?**
343	IP3:	Nein. (.) (sicher)
344	SR:	**Freunde hast du soweit?**
345	IP3:	Nicht. Nein.
346	SR:	**Aber eine langjährige Freundin?**
347	IP3:	Ja! (')
348	SR:	**Besteht bei dir ein Interesse an einer Freizeitgruppe die sich regelmäßig trifft**
349		**um sich auszutauschen oder ins Kino zu gehen?**
350	IP3:	(..) Eigentlich nicht. Nein. (sicher)
351	SR:	**Mit wem fährst du in den Urlaub?**
352	IP3:	Mit meiner Freundin. (')
353	SR:	**Und wer hilft dir bei Problemen im Privatbereich?**
354	IP3:	(Pause)
355	SR:	**Helft ihr euch wahrscheinlich gegenseitig, du und deine Freundin?**
356	IP3:	Ja.
357	SR:	**Und deine Eltern?**
358	IP3:	Auch (..) die helfen auch.
359	SR:	**Einen gesetzlichen Betreuer hast du nicht?**
360	IP3:	Nein, nein. Brauche ich auch nicht. (sicher)
361	SR:	**Wie zufrieden bist du mit deiner derzeitigen Wohnsituation? Wie hast du frü-**
362		**her gewohnt und wie wohnst du jetzt?**
363	IP3:	Das ist alles gleich (..) alles gleich geblieben.
364	SR:	**Also wie gesagt, du hast ein Zimmer bei deinen Eltern aber du bist auch häu-**
365		**fig bei deiner Freundin?**

366	IP3:	Ja. (')
367	SR:	**Wer erledigt Tätigkeiten, wie kleine Reparaturen, kochen, einkaufen?**
368	IP3:	Das mache ich alles selber(..) ja. (sicher)
369	SR:	**Hat es etwas gegeben was du in deinem Verhalten ändern musstest, als du**
370		**in eine Beschäftigung auf den allgemeinen Arbeitsmarkt gewechselt bist?**
371	IP3:	Eigentlich nichts. Gar nichts. (.)
372	SR:	**Hast du Konflikte am Arbeitsplatz erlebt? Konntest du sie selbst lösen?**
373	IP3:	Konnte ich selber lösen. (') (sicher)
374	SR:	**Nun weiß ich, dass es da gerade mit dem Arbeitsvertrag Probleme auf der**
375		**Arbeit gibt. Wer hilft dir dann bei solchen Sachen?**
376	IP3:	Die Dienststelle. Ja. (') (sicher)
377	SR:	**Die Dienststelle vom Integrationsfachdienst? Die Begleitung?**
378	IP3:	Die Begleitung (..) ja.
379	SR:	**Die Begleitung ist also noch aufrechterhalten?**
380	IP3:	Ja.
381		

| 382 | **Das Interview mit Interviewpartner 4 (IP4)** |
| 383 | **Interviewpartner 4:** Herr J. im Gespräch mit Sylvia Rose (SR) |

384	**Datum:** 10. Februar 2006
385	**Ort:** Betrieb
386	**Zeit:** 10:00 – 10:30 Uhr

387	SR:	**Wie ist dein Name?**
388	IP4:	J.
389	SR:	**Wie alt bist du?**
390	IP4:	31.
391	SR:	**Familienstand?**
392	IP4:	Nein.
393	SR:	**Du bist ledig?**
394	IP4:	Ja.
395	SR:	**Wohnsituation?**
396	IP4:	(Pause)
397	SR:	**Wohnst du allein oder mit Betreuung?**
398	IP4:	Alleine. (.)
399	**SR:**	**Wie ist dein beruflicher Werdegang? Du bist von der Sonderschule für**
400		**Lernbehinderte in ein Berufsbildungswerk gegangen. Und was hast du da**
401		**gelernt?**
402	IP4:	Gärtner.
403	SR:	**Fachwerker im Gartenbau?**
404	IP4:	Fachwerker im Gartenbau! (.)
405	SR:	**Und danach?**
406	IP4:	Hatte ich (..) bei (..) der Gärtnerei N. gearbeitet.
407	SR:	**Ein Jahr?**
408	IP4:	Ein Jahr. (.)
409	SR:	**Und danach?**
410	IP4:	Werkstatt.
411	SR:	**Seit '97 dann?**
412	IP4:	Ja.
413	SR:	**Und seit wann bist du auf dem allgemeinen Arbeitsmarkt beschäftigt?**
414	IP4:	(Pause)
415	SR:	**Seit 2000?**
416	IP4:	Ja.

417	SR:	**Was hast du früher in der Werkstatt für behinderte Menschen für eine Tätig-**
418		**keit gemacht?**
419	IP4:	Pflegearbeiten (..) sowie Baumschnitt, Rasen mähen.
420	SR:	**In der Gartengruppe?**
421	IP4:	Ja.
422	SR:	**Bist du zufrieden mit deiner jetzigen beruflichen Tätigkeit?**
423	IP4:	Ja. (.)
424	SR:	**Was machst du heute für eine berufliche Tätigkeit?**
425	IP4:	Gärtner. (')
426	SR:	**Gärtner bei einer öffentlichen Einrichtung?**
427	IP4:	Ja.
428	SR:	**Wie sieht denn dein normaler Arbeitsalltag hier aus?**
429	IP4:	Rasen mähen (..) Hecke schneiden, Bäume schneiden, umtopfen.
430	SR:	**Kannst du das alles oder hast du bei irgendetwas Schwierigkeiten?**
431	IP4:	Keine. (sicher)
432	SR:	**Wenn es aber doch Schwierigkeiten gibt, wer hilft dir dabei?**
433	IP4:	Klaus.
434	SR:	**Dein Chef?**
435	IP4:	Ja. (')
436	SR:	**Gibt es Kollegen die du besonders magst?**
437	IP4:	Da komme ich alle mit gut klar. (sicher)
438	SR:	**Privat machst Du mit denen aber nichts nach Feierabend?**
439	IP4:	Nein. (.)
440	SR:	**Worin unterscheiden sich jetzt die Jobs? In der Werkstatt für behinderte**
441		**Menschen und auf dem allgemeinen Arbeitsmarkt? Was ist einfach anders,**
442		**von der Anforderung her?**
443	IP4:	Gibt's nichts. (.) Ja (..) es gibt weniger Pausen, etwas zackiger.
444	SR:	**Gibt es etwas was damals in der Werkstatt für behinderte Menschen besser**
445		**war als jetzt in deinem heutigen Job?**
446	IP4:	Nein. (.)
447	SR:	**Wie viel Geld verdienst du momentan?**
448	IP4:	8, (..) 900.
449	SR:	**Bewältigst du deinen Weg zur Arbeit selbständig?**
450	IP4:	Ja.
451	SR:	**Wie kommst du jetzt zur Arbeit?**
452	IP4:	Fahrrad oder auch zu Fuß.

453	SR:	**Und du hast keine Schwierigkeiten bei der Bewältigung?**
454	IP4:	Nein. (sicher)
455	SR:	**Bist du mit deinen sozialen Kontakten im Privatbereich zufrieden?**
456	IP4:	Ja. (.)
457	SR:	**Was machst du am Feierabend und am Wochenende?**
458	IP4:	Fernseher, Computer (..) Musik hören.
459	SR:	**Bist du in einem Verein?**
460	IP4:	(..) Tierschutzverein.
461	SR:	**Triffst du dich mit Freunden?**
462	IP4:	Selten. (.)
463	SR:	**Hast du viele Freunde?**
464	IP4:	Nein. (.)
465	SR:	**Wenn du dir etwas wünschen würdest, wie würde dann dein Alltag ausse-**
466		**hen?**
467	IP4:	(Pause) Da gibt's normalerweise nichts, (..) hab ja alles.
468	SR:	**Besteht bei dir ein Interesse an einer Freizeitgruppe, die sich regelmäßig**
469		**trifft, um zum Beispiel gemeinsam ins Kino zu gehen?**
470	IP4:	(Pause) Ja. (.)
471	SR:	**Mit wem fährst du in den Urlaub?**
472	IP4:	Keinem (..) höchstens mit meinen Eltern, bei meinen Eltern.
473	SR:	**Du bist in deinem Urlaub bei deinen Eltern zuhause?**
474	IP4:	Ja. (')
475	SR:	**Wer hilft dir bei Problemen im Privatbereich?**
476	IP4:	Meine Eltern.
477	SR:	**Wie zufrieden bist du mit deiner derzeitigen Wohnsituation?**
478	IP4:	(..) Ganz gut zufrieden. (.)
479	SR:	**Wie hast du früher gewohnt und wie wohnst du jetzt?**
480	IP4:	Früher bei meinen Eltern und heute (..) in vierzehn Quadratmetern! (')
481	SR:	**Ganz allein?**
482	IP4:	Ja.
483	SR:	**Ohne Betreuung?**
484	IP4:	Ohne Betreuung. (.)
485	SR:	**Und wenn es Reparaturen in der Wohnung gibt oder die Nebenkosten-**
486		**abrechnung kommt. Wer erledigt das?**
487	IP4:	Ich. (.)
488	SR:	**Und Einkäufe, kochen?**

489	IP4:	Mache ich alles selber. (') (sicher)
490	SR:	**Hat es etwas gegeben, was du in deinem Verhalten oder im Umgang mit den**
491		**Kollegen hier innerhalb der Tätigkeit auf dem allgemeinen Arbeitsmarkt än-**
492		**dern musstest?**
493	IP4:	Nein. (.)
494	SR:	**Hast du Konflikte am Arbeitsplatz selbständig lösen können, wenn es hier**
495		**mal Schwierigkeiten gab?**
496	IP4:	Ja. (.)
497	SR:	**Wer hilft dir denn bei Konflikte am Arbeitsplatz?**
498	IP4:	Mein Chef. (')
499		

Das Interview mit Interviewpartner 5 (IP5)

501 **Interviewpartner 5:** Herr A. im Gespräch mit Verfasserin Sylvia Rose (SR)

502 **Datum:** 10. Februar 2006

503 **Ort:** Betrieb

504 **Zeit:** 11:30 – 12:00 Uhr

505 SR: **Wie ist dein Name?**

506 IP5: A.

507 SR: **Wie alt bist du?**

508 IP5: 1973.

509 SR: **Familienstand?**

510 IP5: Familienstand (..) Familienstand Lühnen.

511 SR: **Bist du ledig, also unverheiratet?**

512 IP5: Ja, unverheiratet. (sicher)

513 SR: **Wie wohnst du?**

514 IP5: In L.

515 SR: **Und wirst du da betreut?**

516 IP5: Ja. (')

517 SR: **Vom ambulant betreuten Wohnen?**

518 IP5: Ja.

519 SR: **Wie lange warst du vorher in der Werkstatt für behinderte Menschen**

520 **beschäftigt?**

521 IP5: 8, 9 Jahre ungefähr. (sicher)

522 SR: **Und was hast du früher in der Werkstatt für eine Tätigkeit gemacht?**

523 IP5: Überall (..) überall.

524 SR: **Und vorwiegend?**

525 IP5: Mal (..) mal in der Spülküche, mal in der warmen Küche, mal Essen mit

526 ausfahren, mal Lager

527 SR: **Aber hauptsächlich Hauswirtschaft?**

528 IP5: Hauswirtschaft ja. (sicher)

529 SR: **Seit wann bist du auf dem allgemeinen Arbeitsmarkt beschäftigt?**

530 IP5: Ungefähr fünf Jahre, bald im März fünf Jahre, dieser März. (sicher)

531 SR: **Bist du zufrieden mit deiner jetzigen Arbeit?**

532 IP5: Ja, mit Geld her ja. (.)

533 SR: **Was machst du heute für eine berufliche Tätigkeit?**

534 IP5: In der Spülküche im Gesundheitszentrum.

535 SR: **Wie sieht ein normaler Arbeitstag bei dir aus?**

536	IP5:	Normaler Arbeitstag von zwölf bis halb neun, wenn es früher dann
537		viertel vor sieben bis viertel nach drei. (sicher)
538	SR:	**Und da machst du Spültätigkeiten?**
539	IP5:	Ja, Spültätigkeiten (..) einmal war ich in der Topfecke gewesen (..) meistens
540		Spülen.
541	SR:	**Hast du bei irgendetwas Schwierigkeiten?**
542	IP5:	Nein.(.)
543	SR:	**Wenn es Schwierigkeiten geben würde, wer würde dir helfen?**
544	IP5:	(..) Der Chef. (')
545	SR:	**Gibt es Kollegen die du besonders magst?**
546	IP5:	Gibt es auch, (..) gibt's weniger.
547	SR:	**Machst du mit diesen Kollegen am Nachmittag oder am Abend etwas?**
548	IP5:	Nein. (.)
549	SR:	**Worin unterscheiden sich jetzt die beiden Jobs? Der eine in der Werkstatt für**
550		**behinderte Menschen und jetzt hier auf dem allgemeinen Arbeitsmarkt?**
551	IP5:	Allgemeiner Arbeitsmarkt ist härter (..) musst du mehr Leistung bringen. Der
552		andere ist ein bisschen leichter (..) hast du auch weniger Geld gekriegt. (sicher)
553	SR:	**Gibt es etwas, was damals besser war in der Werkstatt für behinderte**
554		**Menschen? Oder ist es jetzt besser?**
555	IP5:	Jetzt besser. (') Mit Geld. (.)
556	SR:	**Wie viel Geld verdienst du momentan?**
557	IP5:	Ungefähr 1000 €.
558	SR:	**Bewältigst du deinen Weg zur Arbeit selbständig?**
559	IP5:	Ja. (.)
560	SR:	**Wie kommst du zur Arbeit?**
561	IP5:	Mit Fahrrad.
562	SR:	**Wie bist du damals zur Werkstatt gekommen?**
563	IP5:	Auch mit Fahrrad (..) oder mit Bus.
564	SR:	**Bist du mit deinen sozialen Kontakten im Privatbereich zufrieden?**
565	IP5:	Geht. (.)
566	SR:	**Was machst du am Feierabend und am Wochenende?**
567	IP5:	Feierabend mach ich, wenn ich, wenn ich frei hab, Frühdienst mach ich freitags
568		Fußball meistens. (')
569	SR:	**Du bist im Fußballverein?**
570	IP5:	Ja.
571	SR:	**Triffst du dich manchmal mit Freunden?**

572	IP5:	Geht. (.)
573	**SR:**	**Hast du viele Freunde?**
574	IP5:	Geht, nicht so viele. (.)
575	**SR:**	**Wenn du dir etwas wünschen könntest, wie würde dann dein Alltag ausse-**
576		**hen? Wenn du dir einfach dein Alltag so wünschen könntest – dein Leben?**
577		**Wie würde das aussehen?**
578	IP5:	Wenn schon, gibt's viele Wünsche (..) wenn schon, gibt's viele Wünsche im
579		Leben.
580	**SR:**	**Was wäre noch so ein Wunsch den du dir erfüllen möchtest?**
581	IP5:	Weiß ich nicht (..) keine Ahnung.
582	**SR:**	**Besteht bei dir Interesse an einer Freizeitgruppe die sich regelmäßig trifft**
583		**und zum Beispiel gemeinsam ins Kino geht?**
584	IP5:	Ja gibt es. Betreut ambulant Wohnen manchmal. (sicher)
585	**SR:**	**Ah ja! Das ambulant betreute Wohnen bietet das manchmal an?**
586	IP5:	Ja.
587	**SR:**	**Mit wem fährst du in den Urlaub?**
588	IP5:	Zwei Jahre nicht mehr. (.)
589	**SR:**	**Und davor?**
590	IP5:	Bin ich in den Urlaub gefahren (..) mit meiner Schwester (..) Mallorca.
591	**SR:**	**Wer hilft dir bei Problemen im Privatbereich?**
592	IP5:	Meistens selber (..) aber (..) meistens selber.
593	**SR:**	**Hast du denn noch einen Betreuer?**
594	IP5:	Ja einen (..)Betreuer, ja mit Geld diese Sache.
595	**SR:**	**Der gesetzliche Betreuer?**
596	IP5:	Mit Geld. Ja.
597	**SR:**	**Und der Wohnbetreuer**
598	IP5:	Ja, ja (..) nur der kommt eineinhalb Stunden in der Woche einmal, nur mehr nicht.
599		(sicher)
600	**SR:**	**Wie zufrieden bist du mit deiner derzeitigen Wohnsituation?**
601	IP5:	Eigentlich okay. (.)
602	**SR:**	**Wie hast du früher gewohnt?**
603	IP5:	Mehrere (..) mehrere wohnen.
604	**SR:**	**In einer Wohngruppe? Betreut?**
605	IP5:	Ja.
606	**SR:**	**Und wie wohnst du jetzt?**
607	IP5:	Alleine. (.)

608	SR:	**Welche Aufgaben haben die Betreuer früher gehabt und welche Aufgaben**
609		**hat die Betreuung jetzt?**
610	IP5:	Die hat nur noch eineinhalb Stunden (..) nur für schwere Sachen einkaufen, wenn
611		mal zum Möbelhaus, so was (..) für einkaufen, so Kleinigkeiten, schwere Sachen.
612	SR:	**Aber ansonsten kannst du kochen und machst auch selber sauber?**
613	IP5:	Ja. (sicher)
614	SR:	**Und kleinere Einkäufe erledigst du mit dem Fahrrad?**
615	IP5:	Mache ich selbst, mit Fahrrad. (sicher)
616	SR:	**Hat es etwas gegeben was du in deinem Verhalten ändern musstest hier auf**
617		**den allgemeinen Arbeitsmarkt?**
618	IP5:	Nein. (.)
619	SR:	**Hier auf dem allgemeinen Arbeitsmarkt kannst du dich genauso verhalten**
620		**wie in der Werkstatt?**
621	IP5:	Ja fast ja. (.)
622	SR:	**Gab es schon mal Konflikte hier am Arbeitsplatz?**
623	IP5:	Nein.
624	SR:	**Mit den Kollegen Ärger?**
625	IP5:	Konflikte, nein, so groß, nee, bisschen ja. Es gab aber bei anderen auch
626		Konflikte. Andere auch. Wie bei zwei anderen Kollegen.
627	SR:	**War es dir möglich, deine Konflikte gleich direkt selbst zu lösen?**
628	IP5:	Selbst ja, ja. (sicher)
629	SR:	**Und zur Not, wer würde dir helfen wenn du das jetzt nicht alleine hin kriegen**
630		**würdest?**
631	IP5:	Der Chef (..) oder der Koch.
632		

| 633 | **Das Interview mit Interviewpartner 6 (IP6)** |
| 634 | Interviewpartner 6: Herr N. im Gespräch mit Sylvia Rose (SR) |

635 Datum: 14. Februar 2006

636 Ort: Wohnung des Interviewpartners

637 Zeit: 15:30 – 16:00 Uhr

638	SR:	**Wie ist dein Name?**
639	IP6:	N.
640	SR:	**Und wie alt bist du?**
641	IP6:	30 Jahre alt.
642	SR:	**Dein Familienstand?**
643	IP6:	Wie (..) ach so, verheiratet, bis jetzt keine Kinder.
644	SR:	**Wie ist deine Wohnsituation?**
645	IP6	Ich wohne (..) zusammen mit meiner Frau.
646	SR:	**In einer Wohnung ohne Wohnbetreuung?**
647	IP6	Ja. Ohne. (sicher)
648	SR:	**Wie ist dein beruflicher Werdegang? Wie lange warst du früher in der Werk-**
649		**statt für behinderte Menschen beschäftigt?**
650	IP6	Da war ich über drei Jahre.
651	SR:	**Und was hast du früher für eine Tätigkeit in der Werkstatt für behinderte**
652		**Menschen ausgeübt?**
653	IP6	Ich war in einer Büroservicegruppe. Hatte mit PC und mit schreiben und
654		verschiedene und (..) verschiedene Graphiken erstellt.
655	SR:	**Seit wann bist du auf dem allgemeinen Arbeitsmarkt beschäftigt?**
656	IP6	Seit 01.02.'99. (sicher)
657	SR:	**Bist du zufrieden mit deiner jetzigen beruflichen Tätigkeit?**
658	IP6	Bin ich. (')
659	SR:	**Was machst du heute für eine berufliche Tätigkeit?**
660	IP6	Formularerstellung und Formularvervielfältigung.
661	SR:	**Wie sieht ein normaler Arbeitstag bei dir aus. Wann fängst du an?**
662	IP6	Viertel vor acht fange ich an und arbeite bis vierzehn Uhr (..) dreißig Stunden
663		Woche.
664	SR:	**Hast du bei irgendetwas auf der Arbeit Schwierigkeiten? Oder kommst du**
665		**mit allem gut klar?**
666	IP6	(..) Im Großen und Ganzen komme ich gut klar.
667	SR:	**Wer würde dir bei Schwierigkeiten helfen?**
668	IP6	Meine Kollegin. (')

669	SR:	**Gibt es Kollegen, die du besonders gern magst?**
670	IP6	(Pause) Eigentlich ja (..) mit einigen komme ich besser klar, mit anderen weniger,
671		also durchschnittlich.
672	SR:	**Machst du mit einigen Kollegen auch außerhalb der Arbeit irgendetwas?**
673	IP6	Nein. (.)
674	SR:	**Worin liegen denn die Unterschiede der beiden Jobs? Einmal in der Werk-**
675		**statt für behinderte Menschen und einmal auf dem allgemeinen Arbeits-**
676		**markt?**
677	IP6	(..) Ja (..) natürlich. Die, die Tätigkeit auf dem allgemeinen Arbeitsmarkt hat einen
678		den vollen Anspruch. Man muss zusehen, damit man mit der Arbeit klar kommt.
679		Man muss als ein normal (..) als normale Tätigkeit bewertet, und ja und die
680		Werkstatt ist es eben (..) ja bisschen wahrscheinlich mehr Toleranz.
681	SR:	**Was war damals in der Werkstatt für behinderte Menschen vielleicht besser**
682		**als in deinem heutigen Job?**
683	IP6	(..) Kann ich nichts sagen. (sicher)
684	SR:	**Wie viel Geld verdienst du momentan?**
685	IP6	Brutto oder Netto?
686	SR:	**Netto.**
687	IP6	Etwas über 1100 €. (sicher)
688	SR:	**Bewältigst du deinen Weg zur Arbeit selbständig?**
689	IP6	Ja mit eigenem PKW. (')
690	SR:	**Und dabei gibt es keine Probleme?**
691	IP6	Nein.
692	SR:	**Bist du mit deinen sozialen Kontakten im Privatbereich zufrieden?**
693	IP6	Ja. (')
694	SR:	**Was machst du am Feierabend und am Wochenende?**
695	IP6	Ich bin sehr viel unterwegs (..) also ich habe Kontakte zu vielen Menschen mit
696		Behinderungen (..) und damit habe ich viel zu tun. (')
697	SR:	**Bist du in einem Verein?**
698	IP6	Jein. Also ich bin ein Christ und wir haben bundesweit eine christliche Be-
699		hindertengruppe. Ich bin der Leiter dieser Behindertengruppe und damit habe ich
700		ja, bin ich in dieser Gruppe. (')
701	SR:	**Was machst du momentan in deiner Freizeit?**
702	IP6	(Pause) Sehr viel schreiben, telefonieren (..) bin viel unterwegs.
703	SR:	**Triffst du dich mit Freunden?**
704	IP6	Ja schon. (.)

705	SR:	**Was machen deine Freunde beruflich?**
706	IP6	Ich habe meine Freunde in der Kirchengemeinde und die haben unter-
707		schiedliche Berufe.
708	SR:	**Wenn du dir etwas wünschen könntest, wie würde dann dein Alltag ausse-**
709		**hen?**
710	IP6	Ich würde gerne weniger arbeiten im Betrieb, weil ich Privat sehr viel zu tun
711		habe.
712	SR:	**Besteht bei dir ein Interesse an einer Freizeitgruppe, die sich regelmäßig**
713		**trifft, um zum Beispiel gemeinsam ins Kino zu gehen?**
714	IP6	Nein bestimmt nicht, weil ich sehr beschäftigt bin. (sicher)
715	SR:	**Mit wem fährst du in den Urlaub?**
716	IP6	Mit meiner Freundin. Mit meiner Freundin. (')
717	SR:	**Und wer hilft dir bei Problemen im Privatbereich, wenn es doch mal welche**
718		**gäbe?**
719	IP6	Ja (..) meine Eltern, meine Freunde und meine Frau.
720	SR:	**Wie zufrieden bist du mit deiner jetzigen Wohnsituation?**
721	IP6	Gut. (.)
722	SR:	**Wie hast du früher gewohnt und wie wohnst du heute?**
723	IP6	Früher wohnte ich bei meinen Eltern. Vor drei Monaten habe geheiratet und
724		lebe jetzt mit meiner Frau zusammen.
725	SR:	**Ohne eine Wohnbetreuung?**
726	IP6	Ja.
727	SR:	**Ihr könnt die täglichen Arbeiten selbst verrichten, kochen zum Beispiel, sau-**
728		**bermachen?**
729	IP6	Ja. Macht meine Frau.
730	SR:	**Hat es etwas gegeben was du in deinem Verhalten verändern musstest, als**
731		**du eine Tätigkeit auf dem allgemeinen Arbeitsmarkt angenommen hattest?**
732	IP6	Eigentlich nichts Spezielles. Aber ich musste erst aufpassen, damit die Leute,
733		die keine Behinderung haben, damit die sich an mich gewöhnen und erst
734		kennen lernen wer ich eigentlich bin. (') (sicher)
735	SR:	**Wer hilft dir bei Problemen am Arbeitsplatz?**
736	IP6	Zunächst wurde mir vom Projekt weitergeholfen, danach eben (..) der Chef oder
737		meine Kollegin.
738	SR:	**Und das Projekt, damit meinst du jetzt den jetzigen Integrationsfachdienst?**
739	IP6	Ja.
740	SR:	**Hast du bisher Konflikte am Arbeitsplatz erlebt?**

741	IP6	(..) Manchmal schon, aber nicht oft. Und die Konflikte wurden bis jetzt alle gelöst.
742	SR:	**Die konntest du auch selbständig lösen? Direkt?**
743	IP6	Ja, manchmal mit dem Chef (..) Ja.
744		

745 Das Interview mit Interviewpartner 7 (IP7)

746 Interviewpartner 7: Frau B. im Gespräch mit Sylvia Rose (SR)

747 Datum: 21. Februar 2006

748 Ort: Wohnung des Interviewpartners

749 Zeit: 9:00 – 9:30 Uhr

750	SR:	**Wie ist denn dein Name?**
751	IP7:	B.
752	SR:	**Und wie alt bist du?**
753	IP7:	37
754	SR:	**Und dein Familienstand? Ledig, verheiratet.**
755	IP7:	Ledig.
756	SR:	**Wie wohnst du?**
757	IP7:	Gut.
758	SR:	**Wohnst du allein?**
759	IP7:	Ja.
760	SR:	**Mit einer Betreuung?**
761	IP7:	Ja.
762	SR:	**Dein beruflicher Werdegang ist so, dass du aus einer Sonderschule für**
763		**Körperbehinderte kommst?**
764	IP7:	Ja.
765	SR:	**Und wie lange warst du im Anschluss daran in der Werkstatt für behinderte**
766		**Menschen?**
767	IP7:	Weiß ich gar nicht mehr.
768	SR:	**Ich habe es nachgeschaut und es waren 10 Jahre.**
769	IP7:	Ja.
770	SR:	**Was hast du früher in der Werkstatt für behinderte Menschen für eine Tätig-**
771		**keit gemacht?**
772	IP7:	In der Küche und (..) gespült habe ich und (..) Toiletten sauber gemacht.
773	SR:	**Seit wann bist du auf dem allgemeinen Arbeitsmarkt beschäftigt?**
774	IP7:	Weiß ich gar nicht mehr (..) bestimmt schon länger.
775	SR:	**Sieben Jahre sind das! Bist du zufrieden mit deiner jetzigen beruflichen**
776		**Tätigkeit?**

777	IP7:	Ja. (')
778	SR:	**Was machst du heute für eine berufliche Tätigkeit?**
779	IP7:	Spülen (Pause) Zwiebeln schneiden und abwaschen.
780	SR:	**In einem Tagesrestaurant im Küchenbereich?**
781	IP7:	Mhm. (Zustimmung)
782	SR:	**Hast du dabei irgendwelche Schwierigkeiten?**
783	IP7:	(Pause) Manchmal schaffe ich nicht alles (..) alleine, wird mir zu viel. (.)
784	SR:	**Wer hilft dir bei Schwierigkeiten?**
785	IP7:	T.
786	SR:	**T.? Ein Arbeitskollege?**
787	IP7:	Restaurantleiter ist das.
788	SR:	**Gibt es Kollegen die du besonders magst?**
789	IP7:	Ja M. (') (Lachen)
790	SR:	**Machst du mit M. auch was Privat? Außerhalb der Arbeitszeit?**
791	IP7:	Nein. (.)
792	SR:	**Worin unterscheiden sich die beiden Jobs? Einmal der Job in der Werkstatt**
793		**für behinderte Menschen und der auf dem allgemeinen Arbeitsmarkt?**
794	IP7:	Allgemeiner Arbeitsmarkt (..) ist besser.
795	SR:	**Gibt es da ein Unterschied?**
796	IP7:	Nein (..) allgemeiner Arbeitsmarkt (..) mehr arbeiten.
797	SR:	**Was war damals in der Werkstatt für behinderte Menschen besser als in**
798		**deinem heutigen Job?**
799	IP7:	Weiß ich gar nichts. (.)
800	SR:	**Dein heutiger Job gefällt dir besser?**
801	IP7:	Ja. (sicher)
802	SR:	**Wie viel Geld verdienst du momentan?**
803	IP7:	Weiß ich gar nicht aus dem Kopf. (Lachen)
804	SR:	**760 €?**
805	IP7:	Ja.
806	SR:	**Bewältigst du deinen Weg zur Arbeit selbständig?**
807	IP7:	Ja.
808	SR:	**Wie kommst du derzeitig zur Arbeit?**
809	IP7:	Mit dem Bus.
810	SR:	**Wie bist du damals zur Werkstatt für behinderte Menschen gekommen.**
811	IP7:	Mit K.
812	SR:	**Mit dem Fahrdienst, Behindertentransport?**

813	IP7:	Ja.

814 SR: **Was fällt dir schwer bei der Bewältigung des Arbeitsweges? Hast du da**
815   **Probleme?**

816 IP7: Nein.

817 SR: **Bist du mit deinen sozialen Kontakten im Privatbereich zufrieden?**

818 IP7: Ja. (.)

819 SR: **Was machst du am Feierabend und am Wochenende?**

820 IP7: (Pause) Fahr ich kurz zu meinem Freund.

821 SR: **Bist du in einem Verein?**

822 IP7: Nein.

823 SR: **Triffst du dich mit Freunden?**

824 IP7: (Pause)

825 SR: **Hast du Freunde?**

826 IP7: (Kopfschütteln)

827 SR: **Hast du noch Familie mit der du dich triffst?**

828 IP7: Ja habe ich. (')

829 SR: **Und wer ist das dann?**

830 IP7: Meine Mutter.

831 SR: **Besteht bei dir ein Interesse an einer Freizeitgruppe die sich regelmäßig trifft**
832   **um zum Beispiel gemeinsam ins Kino zu gehen?**

833 IP7: Mhm. (Zustimmung)

834 SR: **Mit wem fährst du in den Urlaub?**

835 IP7: Gar nicht. (.) (Lachen)

836 SR: **Wer hilft dir bei Problemen im Privatbereich?**

837 IP7: (..) Wie?

838 SR: **Wenn du mal Stress hast mit deiner Familie oder deinem Freund?**

839 IP7: Ambulant betreute Wohnen.

840 SR: **Wie zufrieden bist du mit deiner derzeitigen Wohnsituation?**

841 IP7. Gut. (.)

842 SR: **Wie hast du früher gewohnt und wie wohnst du jetzt?**

843 IP7: Früher habe ich da eben (..) da oben gewohnt.

844 SR: **In einem Wohnheim?**

845 IP7: Ja.

846 SR: **Und jetzt wohnst du?**

847 IP7: Allein.

848 SR: **Welche Aufgaben hat die Betreuung heute, die Wohnbetreuung?**

XXX

849	IP7:	(..) Zur Kasse gehen, Geld holen, manchmal Sachen kaufen.
850	SR:	**Wenn Reparaturen anfallen oder die Nebenkostenabrechnung kommt, wer**
851		**erledigt dies?**
852	IP7:	Ambulant betreute Wohnen.
853	SR:	**Hilft dir jemand beim Einkaufen, Kochen, Brote machen für die Arbeit?**
854	IP7:	Nein.
855	SR:	**Das machst du alles selbständig?**
856	IP7:	Kriegen wir auf der Arbeit essen. (sicher)
857	SR:	**Hilft dir jemand beim Saubermachen deiner Wohnung?**
858	IP7:	Nein. Mache ich selber. (sicher)
859	SR:	**Aber bei allgemeinen Problemen im Wohnbereich hilft dir das ambulant**
860		**betreutes Wohnen?**
861	IP7:	Mhm. (Zustimmung)
862	SR:	**Hat es etwas gegeben, was du in deinem Verhalten verändern musstest, als**
863		**du auf den allgemeinen Arbeitsmarkt gewechselt bist?**
864	IP7:	Wie?
865	SR:	**Dass du dich anders verhalten musstest, dass du dich anpassen musstest in**
866		**deinem Verhalten?**
867	IP7:	Ja ich musste ruhiger werden da. (Lachen)
868	SR:	**Ruhiger werden. Warst du vorher zu nervös?**
869	IP7:	Ja.
870	SR:	**Wie und woran hast du gemerkt, dass man sich auf dem allgemeinen**
871		**Arbeitsmarkt anders verhalten muss als in der Werkstatt für behinderte**
872		**Menschen?**
873	IP7:	(..) Da ist mehr Stress.
874	SR:	**Da ist mehr Stress. Und da musst du auch schon mal sagen, wenn die Arbeit**
875		**zu viel ist, dass dir jemand hilft?**
876	IP7:	Ja.
877	SR:	**Wer hilft dir bei diesen Problemen am Arbeitsplatz? Bei Konflikten zum**
878		**Beispiel? Hast du die selber lösen können?**
879	IP7:	(Pause) Nein.
880	SR:	**Wer hat dir dabei geholfen?**
881	IP7:	Ambulant betreute Wohnen.
882	SR:	**Früher war das der Integrationsfachdienst, aber der ist ja auch schon ganz**
883		**lange nicht mehr dabei. Du bist jetzt komplett selbständig und wenn es ab**
884		**und zu mal Probleme gibt, dann hilft dir das ambulant betreute Wohnen?**

885 IP7: Mhm. (Zustimmung)

Das Interview mit Interviewpartner 8 (IP8)

886

887 Interviewpartner 8: Herr R. im Gespräch mit Sylvia Rose (SR)

888 Datum: 01.März 2006

889 Ort: Wohnung des Interviewpartners

890 Zeit: 8:00 – 8:30 Uhr

891

892 SR: **Wie ist dein Name?**

893 IP8: R.

894 SR: **Wie alt bist du?**

895 IP8: (Pause) 38.

896 SR: **Wie ist dein Familienstand?**

897 IP8: Ledig.

898 SR: **Und deine Wohnsituation?**

899 IP8: Ich wohne beim Vermieter bei Genossenschaft.

900 SR: **Allein?**

901 IP8: Ja.

902 SR: **Ohne Betreuung?**

903 IP8: Richtig.

904 SR: **Wie lange warst du vorher in der Werkstatt für behinderte Menschen**

905 **beschäftigt?**

906 IP8: 11 Jahre. (sicher)

907 SR: **Was hast du früher in der Werkstatt für behinderte Menschen für eine Tätig-**

908 **keit gemacht?**

909 IP8: Ja erst Arbeitstrainingsbereich und danach damals die Gruppe Herrn D.

910 die Möbel (..) die Schließhaken mit aufgebaut die Gruppe mit. Und denn wurde R.

911 aufgemacht und denn wohl hat, denn seit dem bin ich, war ich damals in der Me-

912 tallabteilung, also Dreherei und so was alles gemacht.

913 SR: **Seit wann bist du auf dem allgemeinen Arbeitsmarkt beschäftigt?**

914 IP8: 10 Jahre. (.) (sicher)

915 SR: **Bist du zufrieden mit deiner jetzigen beruflichen Tätigkeit?**

916 IP8: Also erste Zeit ja, aber wir haben seit paar Jahren neuen Abteilungsleiter und

917 der ist nicht so ganz, da kommt man nicht richtig mit klar. Mit dem Alten konnte

918 man besser mit klar kommen als wie jetzt bei die Jetzige. (..) Also es gibt's

919 schon manchmal, na ja ganz schön Stress. Der sich auch teilweise auf die

920 Ernährung oder auf den körperlichen Zustand niederschlägt.

921 SR: **Was machst du heute für eine berufliche Tätigkeit?**

922	IP8:	Na in der Hauptsache LKWs waschen. Aber teilweise auch, weil ich ja Führer-
923		schein habe seit '94 (..) und ja Ersatzteile holen, aufräumen, Haus (..) also besse-
924		rer Hausmeister.
925	SR:	**Wie sieht ein normaler Arbeitstag bei dir aus?**
926	IP8:	Kommt drauf an wann? Früh- oder Spätschicht?
927	SR:	**Ach so, du hast Wechselschicht?**
928	IP8:	Wechselschicht, ja.
929	SR:	**Und Vollzeit?**
930	IP8:	Ja normale 9 Stunden. 9,10 Stunden es kommt drauf an was anfällt.
931	SR:	**Hast du Schwierigkeiten bei deiner beruflichen Tätigkeit?**
932	IP8:	Ja, das alte Problem mit meiner Rechtschreibung. Manche (..) manchmal kann
933		man da wenig draus entziffern. Da müssen sie mich manchmal fragen, was das
934		zu bedeuten hat.
935	SR:	**Ja und wer hilft dir dann? Bei Schwierigkeiten, wenn die das nicht lesen**
936		**können oder bei anderen Dingen?**
937	IP8:	Das muss ich mir selber irgendwie rausfummeln.
938	SR:	**Gibt es da keinen Ansprechpartner, der dir etwas zur Seite steht?**
939	IP8:	Also (..) im Prinzip nicht. Es ist angeblich einer da, aber der (..) sagt sich, was
940		soll's, nach dem Motto, (..) das ist überall.
941	SR:	**Gibt es Kollegen die du besonders magst?**
942	IP8:	Ja.
943	SR:	**Machst du mit denen nach Feierabend auch mal was?**
944	IP8:	Also letzte Zeit nicht, doch einmal letztes Jahr hatte ich die Kollegen die ich so
945		einigermaßen von früher noch kenne, der Kollege ist jetzt auch 10 Jahre da
946		aber nicht, also insgesamt kenne ich den 10 Jahre (..) den habe ich mal samstags
947		eingeladen zu mir, der ist auch gekommen. Das war der Einzige. Und noch je-
948		mand anderes aber na ja (..) was soll's.
949	SR:	**Worin unterscheiden sich die beiden Jobs? Werkstatt für behinderte Men-**
950		**schen und der allgemeine Arbeitsmarkt?**
951	IP8:	Also ja, die ja in der Werkstatt wird da sehr viel abgenommen entsprechend Geld
952		ist ja auch weniger. Und man hat halt (..) in der freien Wirtschaft mehr Verantwor-
953		tung für alles. Das ist manchmal gar nicht so einfach (..) und dann wundern
954		sich die bei uns auf der Arbeit, warum ich so ruhig werde und so Kopf
955		in den Nacken, also so die Schultern hochziehe und nichts mehr sage.
956		Also die kennen mich auf der Arbeit auch ein bisschen anders, wenn ich richtig
957		drauf bin.

958	SR:	**Wie ist das dann, wenn du richtig drauf bist?**
959	IP8:	Dann bin ich manchmal ganz schön (..) wir müssen auch ganz schön laufen.
960	SR:	**Beschwerst du dich denn auch wenn irgendetwas ist?**
961	IP8:	Ja. (.)
962	SR:	**Was war damals in der Werkstatt für behinderte Menschen besser als in**
963		**deinem heutigen Job?**
964	IP8:	Na ja (..) besser. (Pause) Was war besser in der Werkstatt? Das geldliche natür-
965		lich nicht, ist klar. (..) Aber sonst (..) leichter sagen wir mal so, die Arbeit war leich-
966		ter da. Okay ich war nur in der letzten Zeit in der Metallabteilung aber das war
967		auch ganz schön haarig manchmal (..) aber sonst von der Aufteilung, von der Ar-
968		beit einfacher für die Leute.
969	SR:	**Wie viel Geld verdienst du momentan?**
970	IP8:	(..) Kommt drauf an, meistens so 800, 900 im Monat netto. Auch manchmal wenn
971		ich Glück hab, habe ich auch mal einen Tausender. Wenn ich sehr viel Glück
972		habe.
973	SR:	**Bewältigst du deinen Weg zur Arbeit selbständig?**
974	IP8:	Ja, mit dem eigenen Auto. (') (Lachen)
975	SR:	**Wie bist du damals zur Werkstatt für behinderte Menschen gekommen?**
976	IP8:	Also auch mit dem Bus, Linienbus (..) teilweise auch mit Fahrrad, weil
977		ich ja damals noch die Freundin hatte, die N. aus H. (..)
978		und wenn ihre Mutter nicht da war, hat sie mir immer ihr Auto mitgegeben. Also,
979		das war auch damals (..) da mussten wir wenigstens nicht mit dem Bus fahren.
980	SR:	**Bist du mit deinen sozialen Kontakten im Privatbereich zufrieden?**
981	IP8:	Na ja, das besteht im Moment nun zu auch meine Mutter halt im Moment. So
982		halt durch diese unterschiedlichen (..) nach Feierabend setzen wir uns teilweise
983		auch wenn Feierabend ist so ein bisschen zusammen in der Spätschicht und
984		kommen mit den Kollegen und quaddeln halt noch ein bisschen. Aber sonst so
985		zentral (Pause) also so, so, nicht. Und halt mein Sportverein, wo ich einmal im
986		Monat hingehe, durch die Arbeit halt. Das ist die BSG Minden. Durch die Arbeit
987		schaffe ich das nur einmal im Monat zum Kegeln. Also sonst (..) ist ja öfters mal
988		was. Aber ich schaffe das durch die Arbeit, durch Wechselschicht eben nicht zum
989		Kegeln.
990	SR:	**Was machst du so am Wochenende?**
991	IP8:	(Pause) unterschiedlich, ja halt ich muss auch Hausreinigung machen. Ich
992		mach auch demnächst mal wieder Frühjahrsputz, im Sommer wieder gemacht
993		werden. Graut mir jetzt schon vor. Wenn meine Mutter nicht hätte, würde jetzt

994		ganz versiffen da. (.)
995	SR:	**Triffst du dich sonst noch mit Freunden?**
996	IP8:	Ja, ab und an habe ich von, äh, ich hab einen Freund, die Tochter meint, ich
997		wäre ihr Patenonkel, also inoffiziell bin ich das auch. Durch die Arbeit bin ich
998		das. Und da wollen wir demnächst am Ende des Monats, also diesen Monat
999		zum Treckermuseum, nach, nach, nach H. fahren, zu dieser Treckerfirma,
1000		die haben auch ein Museum. Da wollten wir dann alle man hin mit
1001		zwei Autos. (')
1002	SR:	**Wenn du dir etwas wünschen könntest, wie würde dann dein Alltag ausse-**
1003		**hen?**
1004	IP8:	Tja (Pause) mein Alltag ja (..) tja. Nicht so viel hin und her, nicht so viel, also bei
1005		uns ist ziemlich hin und her wäscht. Alles hin und her und alles durcheinander
1006		und halt, dass das ein bisschen anders wird aber (..) na ja. Was im Moment ist,
1007		wenn man mal einen Fehler macht, kriegt man gleich (..) Trouble und (..) wenn
1008		man sich denn da irgendwo ein bisschen alles durch schwer zu Herzen nimmt,
1009		ist ja auch klar. (.)
1010	SR:	**Besteht bei dir ein Interesse an einer Freizeitgruppe, die sich regelmäßig**
1011		**trifft um zum Beispiel gemeinsam ins Kino zu gehen?**
1012	IP8:	Meint, meint man so etwas in der Richtung wie Behindertenhilfe oder so etwas?
1013	SR:	**So etwas in der Richtung, wie früher als man ein Treffen für die vermittelten**
1014		**Personen angeboten hat - einmal im Monat?**
1015	IP8:	Das wäre eine Idee so einen Ideenaustausch. (') Wenn sie das mit meiner Schicht
1016		nicht hinkommt, ist das kein Problem. Das ist eine Idee. Aber das was damals was
1017		J. weitermachen wollte. Das wäre eine dufte Idee. (') Also das würde ich
1018		sofort unterstützen. Auch wenn irgendwie was zu fahren ist, dass das da paar
1019		Autofahrer dabei sind. Sind ja welche die kommen ja abends, sehe das ja bei uns,
1020		seit dem sie die Linienbusse umgestellt haben (..) also das ist ja auch schlecht.
1021	SR:	**Mit wem fährst du in den Urlaub?**
1022	IP8:	Mit einem Bekannten (..) Bekanntin, dieses Jahr im Sommerurlaub.
1023	SR:	**Also mit einer Frau? Oder mit einem Bekannten?**
1024	IP8:	Ja (..) mit einer Frau.
1025	SR:	**Wer hilft dir bei Problemen im Privatbereich?**
1026	IP8:	Na ja (..) da habe ich ja die Frau K. oder meine Mutter halt.
1027	SR:	**Doch eher deine Mutter?**
1028	IP8:	Mmh. Meine Mutter. (Zustimmung)

1029	SR:	**Frau K. ist dann eher für Probleme am Arbeitsplatz nochmals ab und an zu-**
1030		**gegen?**
1031	IP8:	Mhm. Weil, es gibt so ab und an Reibereien auf der Arbeit (..) na ja. (Zustimmung)
1032	SR:	**Wie zufrieden bist du mit deiner derzeitigen Wohnsituation?**
1033	IP8:	Na ja (..) jetzt gab's bisschen Trouble mit dem Vermieter. Aber ich versuch ja. Das
1034		war ja damals 2002 nur eine Notlösung, dass ich wenigstens von N. weg
1035		kam mit der Wohnung (..) weil 2002 war ja der große Knall bei uns.
1036	SR:	**Da hast du dich von deiner Freundin getrennt?**
1037	IP8:	Ja (..) und seitdem habe ich ja meine eigne Wohnung. Und (..) na ja, durch die (..)
1038		eventuell kriege ich eine etwas kleinere, die billiger ist. Ich hab jetzt eine im
1039		Haus mit 200 (..) was sagte meine Mutter (..) 270 € plus Nebenkosten. Und ich
1040		zahle im Moment 315 ohne Heizung, wo da ist Wasser, Abwasser, Müll alles
1041		drin (..) bei mir.
1042	SR:	**Wie hast du früher gewohnt?**
1043	IP8:	Ja, erste Zeit bei meiner Mutter (..) und denn damals nach U. (..) 94
1044		glaube ich war das, ne 93 war das, Dezember 93 war das. Ja und denn halt
1045		da oben in U. mit N., diese zwei Zimmerwohnung. Ja und da zwei
1046		Jahre und von da aus nach H. und da hatten wir nur einen großen
1047		Raum für zwei Personen. Und das hat sich halt bis 2002 so verschleppt, dass
1048		man sich 2002 endgültig verzofft hatte. (Lachen)
1049	SR:	**Wer hilft dir bei Reparaturen in deiner Wohnung?**
1050	IP8:	(..) Reparaturen und so (..) das ist (..) wir haben da die Telefonnummer des
1051		Vermieters, das ist 24 Stunden Service, haben wir da, wenn irgendetwas
1052		kaputt ist.
1053	SR:	**Wenn aber mal von deinen Sachen etwas kaputt ist oder die Nebenkosten-**
1054		**abrechnung kommt, wer erklärt dir das?**
1055	IP8:	Nee (..) Nebenkosten, das ist ja in der (..) ich zahl ja Heizung und Strom separat.
1056		Das ist ja (..) Strom bezahl ich 42 € jeden Monat (..) Heizung.
1057	SR:	**Und die Schlussrechnung die kommt dann immer am Ende des Jahres?**
1058	IP8:	Nein, Mitte des Jahres.
1059	SR:	**Die überweist du dann?**
1060	IP8:	Also, ne (..) das wird denn (..) Wenn wir zu allgemein Strom, Wasser verbraucht
1061		haben, denn wird das nächsten Monat von der Miete bisschen abgezogen.
1062		Dann wird halt etwas weniger Miete bezahlt. Mehr ist das nicht.
1063	SR:	**Hilft dir jemand bei Einkäufen oder beim Kochen?**
1064	IP8:	Na ja, meistens (..) halt Tiefkühlware. Wenn ich abends um 8 nach Hause

1065		Kommen, habe ich auch manchmal keine Lust zu kochen groß. Manchmal so
1066		am Wochenende halt.
1067	SR:	**Hilft dir jemand beim Saubermachen deiner Wohnung?**
1068	IP8:	Meine Mutter, die hat einen Schlüssel, die kann jederzeit rein und hilft mir
1069		manchmal dabei. Bei besonderen, schwierigen Fällen. Meine Mutter ist
1070		handwerklich besser begabt wie ich. (')(Lachen)
1071	SR:	**Meinst du, dass du eine Wohnbetreuung benötigen würdest oder eine ge-**
1072		**setzliche Betreuung?**
1073	IP8:	(..) Na ja (..) wenn man da gesetzliche Betreuung, heißt Vormund oder so etwas?
1074	SR:	**Der hat zum Beispiel verschiedene Aufgabenbereiche wie, sich um die**
1075		**Finanzen zu kümmern oder dich bei Behördengängen zu vertreten.**
1076	IP8:	Also es wäre nicht schlecht, wenn da einer außer meine Mutter mal meine
1077		Finanzen checken könnte. (')Weil es sind auch manche Sachen, wo man sagen
1078		kann (..) wäre nicht schlecht wenn das ein Äußerer, einer machen könnte, der
1079		nicht gerade eine Familie ist.
1080	SR:	**Hat es etwas gegeben was du in deinem Verhalten verändern musstest, als**
1081		**du eine Tätigkeit auf dem allgemeinen Arbeitsmarkt angenommen hast?**
1082	IP8:	(..) Verhalten (..) halt teilweise die Arbeit selber suchen. (Pause) Sehr viel
1083		eigenständige Verantwortung übernehmen.
1084	SR:	**Das musstest du verändern, das war in der Werkstatt nicht so gefordert?**
1085	IP8:	Ja.
1086	SR:	**Was hat dir dabei Probleme bereitet?**
1087	IP8:	(Pause) Nein, in der Werkstatt war das ja so, da wurde ja von den Chefs und (..)
1088		den Meistern gesagt, so die Arbeit wird gemacht.
1089	SR:	**Das fiel dir erst schwer, dieses Eigenständige?**
1090	IP8:	Vor allem, dann mit dem ganzen Geld umzugehen. (..) Damals war das ja noch
1091		D - Mark Preis. Ob man jetzt mit 300 DM nach Hause kam oder auf einmal 2000
1092		Mark auf der Hand hatte (..) das ist ein Unterschied. Okay, damals fing das an
1093		mit dem ersten Auto, halbes Jahr später wie ich bei Fa. A. war. Erstes Auto
1094		verdient. (')
1095	SR:	**Wer half dir denn bei Problemen am Arbeitsplatz, wenn du jetzt mal die 10**
1096		**Jahre zurück denkst?**
1097	IP8:	(Pause) Na ja, im Prinzip.
1098	SR:	**Am Anfang war da doch noch die intensivere Begleitung von dem H. vom In-**
1099		**tegrationsfachdienst.**
1100	IP8:	Ja, der H. (Lachen)

1101	SR:	**Und dann bist du ziemlich selbständig geworden und dann gab es eigentlich**
1102		**keine Begleitung mehr?**
1103	IP8:	Na ja (..) ab und an der T. war ja erste Zeit noch.
1104	SR:	**Von der Fürsorgestelle?**
1105	IP8:	Richtig. (sicher)
1106	SR:	**Und jetzt ist es die Frau K., die ab und an noch vorbei kommt.**
1107	IP8:	Ja (..) also ich rufe sie manchmal an, wenn es irgendwie Trouble gibt (Pause)
1108		Wenn man sich mal einmal im Monat zusammensetzen kann (..) ein Stündchen
1109		mal was ausdiskutieren kann.
1110	SR:	**Und das bringt dann auch was?**
1111	IP8:	Kommt drauf an (..) manchmal ja, manchmal nicht.
1112	SR:	**Was würde dir deiner Meinung nach bei Konflikten am Arbeitsplatz helfen?**
1113	IP8:	Na, ja. (Pause) Gut gemeint.
1114	SR:	**Dass dann wieder engmaschiger jemand vom Integrationsfachdienst vorbei**
1115		**kommt oder dass man einfach mal schnell jemanden anrufen kann. Oder ei-**
1116		**ne regelmäßige Gruppe.**
1117	IP8:	Ja, die regelmäßige Gruppe. Das wäre angemessen (..) Dass man sich da
1118		irgendwie so einmal im Monat treffen kann. (')
1119	SR:	**Aber du meinst die Gruppe, die sich im Freizeitbereich getroffen hat. Oder**
1120		**eine Gruppe, die sich auch trifft, um sich auszutauschen über Probleme am**
1121		**Arbeitsplatz?**
1122	IP8:	Also, das war ja damals so eine Gruppe. (')
1123	SR:	**Stimmt, das wurde beides angeboten.**
1124	IP8:	Eben (..) das wäre angemessen, also das wäre nicht schlecht, wenn man so eine
1125		Gruppe wieder macht.
1126	SR:	**So ein Austausch?**
1127	IP8:	Ja, so 'ne Austauschgruppe. (')
1128		

ABKÜRZUNGSVERZEICHNIS

abH	Ausbildungsbegleitende Hilfen
BBiG	Berufsbildungsgesetz
BBW	Berufsbildungswerk
BFW	Berufsförderungswerk
BGJ	Berufsgrundschuljahr
BüE	Berufsausbildung innerhalb überbetrieblicher Einrichtungen
BvB	Berufsvorbereitung
BVJ	Berufsvorbereitungsjahr
ICF	International Classification of Functioning, Disability and Health = Internationale Klassifikation der Funktionsfähigkeit, Behinderung und Gesundheit
HWO	Handwerksordnung
IFD	Integrationsfachdienst
IP	Interviewpartner
IP 1 bis 8	Interviewpartner 1-8
SchwbAV	Schwerbehinderten - Ausgleichsabgabeverordung
SGB III	Sozialgesetzbuch, 3. Buch: Arbeitsförderung
SGB IX	Sozialgesetzbuch, 9. Buch: Rehabilitation und Teilhabe behinderter Menschen
SR	Sylvia Rose
WfbM	Werkstatt für behinderte Menschen
WHO	Weltgesundheitsorganisation
Z	Zeile

LITERATURVERZEICHNIS

ADLHOCH, ULRICH / ERNST, KARL – FRIEDRICH / SEEL; HELGA DR. / WESTERS, BIRGIT / BERG, JÜRGEN / HÖFLING, PETER / BUSCHMANN – STEINHAGE, ROLF DR.: 2005: ABC Behinderung & Beruf. Handbuch für die betriebliche Praxis. Bundesarbeitsgemeinschaft der Integrationsämter und Hauptfürsorgestellen (BIH) (Hrsg.), 2. überarbeitete Ausgabe, Wiesbaden.

AUS – PORTAL 2006: Aktuell: Gesetzgebung. Fünftes Gesetz zur Änderung des Dritten Buches Sozialgesetzbuch und andere Gesetze. [Stand: 06.09.2005, eingesehen am 25.09.2006].

BAG - UB - BUNDESARBEITSGEMEINSCHAFT FÜR UNTERSTÜTZTE BESCHÄFTI-GUNG (Hrsg.) 10/2000: Impulse. Fachzeitschrift der Bundesarbeits-gemeinschaft für Unterstützte Beschäftigung. Ausgabe 17, Hamburg.

BAG - UB - BUNDESARBEITSGEMEINSCHAFT FÜR UNTERSTÜTZTE BESCHÄFTI-GUNG (Hrsg.) 09/2005: Impulse. Fachzeitschrift der Bundesarbeits-gemeinschaft für Unterstützte Beschäftigung. Ausgabe 35, Hamburg.

BARLSEN, JÖRG / BUNGART, JÖRG / HOHMEIER, JOCHEN / MAIR, HELMUT. 1999: Projekt Integration, Integrationsbegleitung in Arbeit und Beruf für Schwerbehinderte mit geistigen Beeinträchtigungen. Eine Untersuchung von Integrationsfachdiensten in Westfalen – Lippe. Abschlussbericht. Westfälische - Wilhelms- Universität, im For-schungsauftrag des Landschaftsverbandes Westfalen – Lippe – Hauptfürsorgestelle (Hrsg.), Münster.

BBiG – BERUFSBILDUNGSGESETZ. Stand: 23. März 2005. URL: www.bmbf.de/pub/ bbig_20050323.pdf [Stand: 11.04.2005, eingesehen am 16.06.2006].

BIH - BUNDESARBEITSGEMEINSCHAFT DER INTEGRATIONSÄMTER UND HAUPT-FÜRSORGESTELLEN IM ZUSAMMENWIRKEN MIT DER BUNDESAGENTUR FÜR ARBEIT (Hrsg.) 06/2002: Endspurt. Erreicht das Gesetz zur Bekämpfung Schwerbehinderter sein Ziel? Z B - Zeitschrift Behinderte Menschen im Beruf, Heft 2, Wiesbaden.

BIH - BUNDESARBEITSGEMEINSCHAFT DER INTEGRATIONSÄMTER UND HAUPT-FÜRSORGESTELLEN IM ZUSAMMENWIRKEN MIT DER BUNDESAGENTUR FÜR ARBEIT (Hrsg.) 01/2003: Hat das Gesetz zur Bekämpfung der Arbeitslosigkeit Schwerbehinderter sein Ziel erreicht? – Ein Resümee. Z B – Zeitschrift Behinderte Menschen im Beruf.URL:http://www.integrationsaemter.de/webcom/show_zeitschrift. php?wc_c=560&wc_id=158&wc p=2 [Stand: Januar 2003, eingesehen am 29.03. 2006].

BIH - BUNDESARBEITSGEMEINSCHAFT DER INTEGRATIONSÄMTER UND HAUPT-FÜRSORGESTELLEN IM ZUSAMMENWIRKEN MIT DER BUNDESAGENTUR FÜR ARBEIT (Hrsg.) 09/2003: Kündigungsschutz, wirksame Hilfe oder Einstellungs-hemmnis? Z B - Zeitschrift Behinderte Menschen im Beruf, Heft 3, Wiesbaden.

BIH - BUNDESARBEITSGEMEINSCHAFT DER INTEGRATIONSÄMTER UND HAUPT-FÜRSORGESTELLEN IM ZUSAMMENWIRKEN MIT DER BUNDESAGENTUR FÜR ARBEIT (Hrsg.) 06/2004: Lernbehinderte junge Menschen. Dumm, frech und asozial? Z B – Zeitschrift Behinderte Menschen im Beruf, Heft 2, Wiesbaden.

BIH - BUNDESARBEITSGEMEINSCHAFT DER INTEGRATIONSÄMTER UND HAUPT-FÜRSORGESTELLEN IM ZUSAMMENWIRKEN MIT DER BUNDESAGENTUR FÜR ARBEIT (Hrsg.) 03/2005: Integrationsfachdienste, Im Auftrag Dritter: vorbereiten, vermitteln, begleiten. Z B – Zeitschrift Behinderte Menschen im Beruf, Wiesbaden.

BIH - BUNDESARBEITSGEMEINSCHAFT DER INTEGRATIONSÄMTER UND HAUPT-FÜRSORGESTELLEN IM ZUSAMMENWIRKEN MIT DER BUNDESAGENTUR FÜR ARBEIT (Hrsg.) 03/2006: Franz Müntefering Bundesminister für Arbeit und Soziales: Die berufliche Integration soll gestärkt werden! Z B – Zeitschrift Behinderte Menschen im Beruf, (S. 10- 11), Wiesbaden.

BIH – BUNDESARBEITSGEMEINSCHAFT DER INTEGRATIONSÄMTER UND HAUPT-FÜRSORGESTELLEN IM ZUSAMMENWIRKEN MIT DER BUNDESAGENTUR FÜR ARBEIT 09/2006: Kassys - Kasseler Systemhaus. URL: www.kassys.org [Stand: September 2006, eingesehen am 23.09.06).

BMGS - BUNDESMINISTERIUM FÜR GESUNDHEIT UND SOZIALE SICHERUNG (Hrsg.) 2005: Das Gesetz zur Gleichstellung behinderter Menschen als Beitrag zur Unterstützung des Benachteiligungsverbotes im Grundgesetz. Stand: Januar 2005, Bonn.

BRACKHANE, RAINER 1996: Rehabilitation im Beruf. Behinderte Menschen auf dem Arbeitsmarkt. 2., überarbeitete und ergänzte Auflage, Leonberg.

BUNDESAGENTUR FÜR ARBEIT (Hrsg.) 2004: BBZ – Beruf, Bildung, Zukunft. Teilhabe durch berufliche Rehabilitation – Chancen für Menschen mit Behinderungen. 1. Auflage, Nürnberg.

BUNDESAGENTUR FÜR ARBEIT 2006: ABC Online Handbuch. Berufsbildungswerk (BBW). URL: www.ausbildungberufchancen.de/handbuch/vollversionen/bbw.php [eingesehen am 16.06.2006].

BUNDESAGENTUR FÜR ARBEIT 2006: ABC – Meine Chance Berufsausbildungsbeihilfe. URL: http://www.ausbildungberufchancen.de/webcom/abc_show_glossar.php/_c-1113/_nr-64/i.html [eingesehen am 25.06.2006].

BMAS - BUNDESMINISTERIUM FÜR ARBEIT UND SOZIALES 2006: Bekanntmachung der Richtlinien für „Job 4000" – Programm zur besseren beruflichen Integration besonders betroffener schwerbehinderter Menschen. Juli 2006. Bundesanzeiger (Hrsg.), Ausgegeben am 4. August 2006, Nummer 145, Köln.

BUNGART, JÖRG / SUPE, VOLKER. / WILLEMS, PETER. 2001: MuQ – Handbuch zum Qualitätsmanagement in Integrationsfachdiensten. Ergebnisse eines Modellprojektes zur Einführung eines Qualitätsmanagementsystems (Modulsystem Umfassendes Qualitätsmanagement -MuQ). Ministerium für Arbeit und Soziales, Qualifikation und Technologie Nordrhein Westfalen, Landschaftsverbände Rheinland und Westfalen – Lippe (Hrsg.),1. Auflage, Münster.

CARITAS WERKSTÄTTEN 2002: Modellprojekt: Förderung des Übergangs von Beschäftigten der Werkstätten für behinderte Menschen auf den allgemeinen Arbeitsmarkt. URL: www.caritas-werkstaetten.de/html/integration/frame-modellprojekte.htm [Stand: 13.03.2002, eingesehen am 20.07.06].

CHANCE 24 2006: Chance 24. Ein neuartiger Qualifizierungsgang in Werkstätten für behinderte Menschen. URL: www.chance-24.de [eingesehen am 10.07.06].

CRAMER, H. HORST 2006: Werkstätten für behinderte Menschen. SGB – Werkstättenrecht, Werkstätten VO, Werkstätten – Mitwirkungs VO, Kommentar. 4. Auflage, München.

DETMAR, WINFRIED / KODAKE, MANFRED / PIEDA, BERND / RADATZ, JOACHIM 2002: Bestandsaufnahme und Perspektiven des Übergangs aus der Werkstatt für behinderte Menschen auf den allgemeinen Arbeitsmarkt. WfB Studie 2002. ISB gGmbH – Gesellschaft für Integration, Sozialforschung und Betriebspädagogik Berlin (Hrsg.) URL: www.isb-berlin.de/dokument/wfb-endbericht.PDI [Stand: 06/2002, eingesehen am 05.07.2006].

DOOSE, STEFAN 2005: Unterstützte Beschäftigung im Übergang Schule-Beruf. URL: http://bidok.uibk.ac.at/library/doose-uebergang.html [Stand: 16.03.2005, eingesehen am 08.04.2006].

DOOSE, STEFAN 09/2005: Was kommt nach der Werkstatt? Ergebnisse einer Verbleib-Studie der von Fachkräften für berufliche Integration (FBI) der WfbM in Hessen auf den allgemeinen Arbeitsmarkt vermittelten Menschen mit Behinderungen. In: Bundesarbeitsgemeinschaft für unterstützte Beschäftigung (Hrsg.) 09/2005: Impulse. Fachzeitschrift der Bundesarbeitsgemeinschaft für Unterstützte Beschäftigung. Ausgabe 35, (S. 3-14), Hamburg.

DUDENREDAKTION 2000: Duden. Die deutsche Rechtschreibung. Das umfassende Standardwerk auf der Grundlage der neuen amtlichen Regeln. Bibliographisches Institut & F.A. Brockhaus AG (Hrsg.), Band 1, Mannheim.

EBERWEIN, HANS 2001: Zur Kritik des Behinderungsbegriffs und des sonderpädagogischen Paradigmas. Integration als Aufgabe der allgemeinen Pädagogik und Schule. In: Eberwein, Hans (Hrsg.): Einführung in die Integrationspädagogik. 2. Auflage, (S. 16-34), Weinheim.

ELGER-RÜTTGARDT, SIEGLIND 1997: Über die große Schwelle – Junge Menschen mit Behinderungen auf dem Weg von der Schule in Arbeit und Gesellschaft. Ellger-Rüttgardt, Sieglind, Blumenthal, Wolfgang (Hrsg.) Band 6, Ulm.

ERNST, KARL - FRIEDRICH 10/98: Integrationsfachdienste für besonders betroffene Schwerbehinderte. Eine Zwischenbilanz aus Sicht der Hauptfürsorgestellen. In: Bundesarbeitsgemeinschaft für unterstützte Beschäftigung (Hrsg.): Informationsblatt Impulse. Nr. 10, (S. 6-8), Hamburg.

EUROPA – EQUAL 2005: Go! unlimited – Unternehmensgründungen durch Menschen mit Behinderung. Equal Common Database URL: https://equal.cec.eu.int/equal/jsp/index.jsp?lang=en EP Identifikation: DE-XB4-76051-20-NW/232 [Stand: 29.06.2005, eingesehen am 03.05.2006].

FRÜHAUF, THOMAS 1997: „Ich will auch in die Lehre gehen!" – Berufliche Ausbildung für Menschen mit geistiger Behinderung. In: Ellger- Rüttgardt, Sieglind, Blumenthal, Wolfgang (Hrsg.): Über die große Schwelle – Junge Menschen mit Behinderungen auf dem Weg von der Schule in Arbeit und Gesellschaft., Band 6, Ulm.

GOTTSLEBEN, VOLKER 1986: Arbeit. In: Deutscher Verein für öffentliche und private Fürsorge (Hrsg.):Fachlexikon der Sozialen Arbeit, 2. Auflage, (S. 54 - 55),Frankfurt.
GRINNHOLD, ANTJE 2000: Schulende – Ende der Integration? Integrative Wege von der Schule in das Arbeitsleben. Jutta Schöler (Hrsg.), Berlin.

HAEBERLIN, URS 1998: Das Menschenbild für die Heilpädagogik. 4., unveränderte Auflage, Stuttgart.

HAEBELIN 2002: Anthropologie, heilpädagogische. In: Bundschuh, Konrad, Heimlich, Ulrich, Krawatz Rudi (Hrsg.):Wörterbuch Heilpädagogik. Ein Nachschlagewerk für Studium und pädagogische Praxis. 2.,durchgesehene Auflage, (S. 18-20), Bad Heilbrunn/Obb.

HAMBURGER ARBEITSASSISTENZ 2006: Die Hamburger Arbeitsassistenz. Fachdienst zur beruflichen Integration für Menschen mit Behinderung. URL: www. hamburger-arbeitsassistenz.de/Leistungsangebot/ArbeitgeberInnen/BewerberInnen/bewerberin en.html [eingesehen am 12.07.06].

HECKMANN,FRIEDRICH 1986: Integration. In: Deutscher Verein für öffentliche und private Fürsorge (Hrsg.): Fachlexikon der Sozialen Arbeit, 2. Auflage, (S. 434 – 435), Frankfurt a. M.

INBAS – INSTITUT FÜR BERUFLICHE BILDUNG, ARBEITSMARKT- UND SOZIALFORSCHUNG GmbH 2002: Berufliche Qualifizierung Jugendlicher mit besonderem Förderbedarf. Benachteiligtenförderung. Bundesministerium für Bildung und Forschung (Hrsg.), Bonn.

JUNKER, AXEL 1998: Supported Employment Made in USA – ein Modell für Deutschland? In: Bundesarbeitsgemeinschaft für Unterstützte Beschäftigung (Hrsg.), Impulse, Fachzeitschrift der Bundesarbeitsgemeinschaft für Unterstützte Beschäftigung, Nr. 7/8, (S. 12-21), Hamburg.

KANTER O. GUSTAV 1997: Lernbehinderung. In: Bundesanstalt für Arbeit (Hrsg.): Berufliche Rehabilitation junger Menschen. Handbuch für Schule, Berufsberatung und Ausbildung. (S. 265-273), Nürnberg.

KASSELMANN, OLAF / RÜTTGERS, JULIA 2005: Projekt Integration – 8 Jahre danach. Verbleib und Verlaufsstudie der von Integrationsfachdiensten in Westfalen – Lippe in den Jahren 1994 – 1997 auf den allgemeinen Arbeitsmarkt vermittelten schwerbehinderten Menschen mit Lernschwierigkeiten. Abschussbericht. Westfälische – Wilhelms – Universität Münster im Forschungsauftrag des Landschaftsverbandes Westfalen – Lippe (Hrsg.), Münster.

KLINKENBUSCH, ANNETTE 2001: Die Praxis der beruflichen Vermittlung von körper- und mehrfachbehinderte jungen Arbeitssuchenden durch unterstützte Beschäftigung. In: Bungart, Jörg, Hohmeier, Jochen (Hrsg.):Neue berufliche Chancen für Menschen mit Behinderung. Unterstützte Beschäftigung im System der beruflichen Rehabilitation,(S. 161-182), Düsseldorf.

KNAPP, RAINER 2006: Wie teuer darf die Werkstatt sein? Die Werkstatt für behinderte Menschen – erfolgreich gescheitert? URL: www.bagwfbm.de/artice/381?sess=e 4660cec43dd3e0702aa4549185622fe [Stand: 10.03.2006, eingesehen am 04.07.2006].

KOLLER, JÖRG 2001: Fordismus und Schichtarbeit. Westfälische Wilhelms- Universität, Institut für Politikwissenschaft, Münster. URL: www.uni-muenster.de/PeaCon/kapzeit /Fordismus.htm [Stand: 08.02.2001, eingesehen am 06.07.2006].

KOMMISSION DER EUROPÄISCHEN GEMEINSCHAFTEN 2005: Mitteilung der Kommission an den Rat, das Europäische Parlament, den europäischen Wirtschafts- und Sozialausschuss und den Ausschuss der Regionen. Situation behinderter Menschen in der erweiterten Europäischen Union: Europäischer Aktionsplan 2006-2007. URL: http://ec.europa.eu/comm/secretariat_general/regdoc/liste.cf [Stand: 28.11.2005, eingesehen am 04.06.2006]

LWL - LANDSCHAFTSVERBAND WESTFALEN - LIPPE (Hrsg.) 1997: Ich hab' noch eine Menge Zukunft vor mir. Psychisch und geistig Behinderte im Arbeitsleben. 1. Auflage, Schriftenreihe, Münster.

LWL - LANDSCHAFTSVERBAND WESTFALEN - LIPPE (Hrsg.) 2005: WfB plus. Abschlussbericht der wissenschaftlichen Begleitung. URL: www.lwl.org/LWL/Soziales /integrationsamt/downloads/download/ [Stand: Juni 2005, eingesehen am 12.07.2006].

LANKENAU, KLAUS 1992: Arbeit. In: Bernhard Schäfers (Hrsg.): Grundbegriffe der Soziologie. 3. Auflage, (S. 24), Opladen.

MAIR, HELMUT 2001: Unterstützte Beschäftigung vor dem Hintergrund veränderter Arbeitsmärkte. In: Bungart, Jörg, Hohmeier, Jochen (Hrsg.):Neue berufliche Chancen für Menschen mit Behinderung. Unterstützte Beschäftigung im System der beruflichen Rehabilitation, (S. 25-38), Düsseldorf.

MAND, JOHANNES 2003: Schüler/innen mit Lernproblemen. In: Eberwein, Hans, Knauer, Sabine (Hrsg.): Behinderungen und Lernprobleme überwinden. Basiswissen und integrationspädagogische Arbeitshilfen. (S. 21-27), Stuttgart.

MARX, KARL / ENGELS, FRIEDRICH 1993: Werke. Band 23, 18. Auflage, Unveränderter Nachdruck der 1. Ausgabe 1962, Berlin.

MAYRING, PHILIPP 1996: Einführung in die Qualitative Sozialforschung. 3. Auflage, Weinheim, Basel.

MAYRING, PHILIPP 2003: Qualitative Inhaltsanalyse. Grundlagen und Techniken. 8. Auflage, Weinheim, Basel.

MOLLENHAUER, KLAUS 1993: Einführung in die Sozialpädagogik. Probleme und Begriffe der Jugendarbeit. 10. Auflage, Weinheim, Basel

NEUSER, HEINZ 06/2006: Vorwort zur Fachtagung Soziale Arbeit im Übergang Schule – Beruf. Theorie-Praxis Konflikt – ein abgedroschenes Thema. Das muss nicht sein. In: Hüttenhölscher, Bernhard (Hrsg.), (S. 5), Bielefeld.

OSBAHR, STEFAN 2000: Selbstbestimmtes Leben von Menschen mit einer geistigen Behinderung. Beitrag zu einer systemtheoretisch - konstruktivistischen Sonderpädagogik. Andreas Bächtold, Wilfried Schley (Hrsg.), ISP- Universität Zürich, Band 4, Biel.

PALMOWSKI, WINFRIED / HEUWINKEL, MATTHIAS / BALGO, ROLF / SCHLOTE, SILKE 2002: Normal bin ich nicht behindert! Wirklichkeitskonstruktionen bei Menschen, die behindert werden – Unterschiede, die Welten machen. 2. Auflage; Dortmund.

PFAFF, HEIKO 2004: Lebenslagen der behinderten Menschen. Ergebnis des Mikrozensus 2003. Auszug aus Wirtschaft und Statistik. Statistisches Bundesamt Wiesbaden. URL: www.destatis.de [Stand: 10/2004, eingesehen am 20.04.2006].

PFAFF, HEIKO 2005: Behinderung und Einkommen. Ergebnisse des Mikrozensus 2003. Auszug aus Wirtschaft und Statistik. Statistisches Bundesamt Wiesbaden. URL: www.destatis.de [Stand: 02/2005, eingesehen am 20.04.2006].

PLEIL, THOMAS DR. 2001: Unternehmen fühlen sich über Schwerbehindertengesetz schlecht informiert. Informationsdienst Wissenschaft (IDW) URL: http://idw-online.de/pubilc/pmid-42878/zeige_pm.html [Stand: 19.12.2001, eingesehen am 04.06.2006].

PONGRATZ, J. HANS / VOSS, GÜNTER G. 2004: Arbeitskraftunternehmer. Erwerbsorientierung in entgrenzten Arbeitsformen. 2., unveränderte Auflage, Berlin.

PSCHYREMBEL 1982: Klinisches Wörterbuch mit klinischen Syndromen und Nomina Anatomica. 254., neu bearbeitete Auflage, Berlin.

RECHTSRAT 2006: Hartz – Gesetze. URL: www.rechtsrat.ws/vlink/gesetze/hartz.htm [eingesehen am 05.07.2006].

REGIONALDIREKTION NORDRHEIN - WESTFALEN 2006: Der Arbeitsmarkt in Nordrhein-Westfalen im Januar 2006. Pressemitteilung Nr. 06/2006 – 31.01.2006, URL: www.arbeitsagentur.de [Stand: 31.01.2006, eingesehen am 20.04.2006].

RÜLCKER, TOBIAS 2001: Integration – eine Chance für die Erziehung in der Schule von heute? In: Eberwein, Hans (Hrsg.): Einführung in die Integrationspädagogik. 2. Auflage, (S. 16-34), Weinheim.

SCHARTMANN, DIETER 2000: Der Übergang von der Schule in das Erwerbsleben – Möglichkeiten, Chancen und Risiken. URL: http://bidok.uibk.ac.at/library/gl1-00-chancen.html [Stand: 21.06.2002, eingesehen am 16.06.2006].

SCHARTMANN, DIETER / ROHDE, PETER – KLAUS 2005: Der Übergang von der WfbM in den allgemeinen Arbeitsmarkt. Rheinische Ergebnisse. In: Bundesarbeitsgemeinschaft für unterstützte Beschäftigung (Hrsg.) 07/2005: Impulse. Fachzeitschrift der Bundesarbeitsgemeinschaft für Unterstützte Beschäftigung. Ausgabe 34, (S. 14-15) Hamburg.

SCHIERHOLZ, HENNING 2004: Interventionsstrategien an der Schwelle von der Schule zum Beruf. Qualifikationsstufen auf dem Wege zur anerkannten Berufsausbildung. Expertise. Bundesinstitut für Berufsbildung (Hrsg.), Bonn.

SCHOLDEI-KLIE 1999: Probleme beim Übergang von der Schule in den Beruf in Hessen. In: Bundesarbeitsgemeinschaft für Unterstützte Beschäftigung (Hrsg.), Impulse, Fachzeitschrift der Bundesarbeitsgemeinschaft für Unterstützte Beschäftigung, Nr. 14, (S. 48-52), Hamburg.

SCHROLL-MACHEL, SYLVIA 2003: Die Deutschen – Wir Deutsche. 2. Auflage, Göttingen.

SCHUNTERMANN, F. MICHAEL 2005: Einführung in die ICF. Grundkurs – Übungen – Offene Fragen. Landsberg/Lech.

SchwbAV 2004: Schwerbehinderten – Ausgleichsabgabeverordnung (SchwbAV). Fassung: 28.03. 1988, Letzte Änderung: 23.04.2004. In: Sozialgesetzbuch IX (SGB IX). Stand: Juli 2004. Bundesarbeitsgemeinschaft der Integrationsämter und Hauptfürsorgestellen (BIH) (Hrsg.), Karlsruhe.

SENNETT, RICHARD 2000: Der flexible Mensch. Die Kultur des neuen Kapitalismus. 7. Auflage, Berlin.

SOZIALGESETZBUCH III (SGB III): Arbeitsförderung. Stand: 01.03.2002, 7. Auflage, München.

SOZIALGESETZBUCH IX (SGB IX) 2004: Mit Verordnungen zum Schwerbehindertenrecht. Stand: Juli 2004, Bundesarbeitsgemeinschaft der Integrationsämter und Hauptfürsorgestellen (BIH) (Hrsg.), Karlsruhe.

SOZIALPORTAL 2006: Behinderungsbegriff. URL:www.sozialportal.de/Dateien/ Behinderungsbegriff.html [Stand: 25.04.2006, eingesehen am 26.04.06].

SPECK, OTTO 1990: Menschen mit geistiger Behinderung und ihre Erziehung. Ein heilpädagogisches Lehrbuch. 6. völlig neu bearbeitete Auflage, München.

STADLER-VIDA, M./ GIEDENBACHER, Y./ STRÜMPEL, C. 2002: Die Qualität von Unterstützter Beschäftigung aus der Sicht der Beteiligten am Fallbeispiel der Arbeitsassistenz Liezen. Österreichischer Bericht zum Projekt Quip – Quality in Practice. Europäisches Zentrum für Wohlfahrspolitik und Sozialforschung (Hrsg.), Wien. URL:http://www.quip.at – Final Reports [Stand: November 2002, eingesehen am 09.04.2006].

STANAT / ARTELT / BAUMERT / KLIEME / NEUBRAND / PRENZEL / SCHIEFELE / SCHNEIDER / SCHÜMER / TILLMANN / WEISS 2002: Pisa 2000: Die Studie im Überblick. Grundlagen, Methoden und Ergebnisse. Max-Planck-Institut für Bildungs-Forschung Berlin. URL:www.mpib-berlin.mpg.de/pisa/ergebnisse.html [Stand 2002, eingesehen am 31.05.2006].

STAUB – BERNASCONI 1994: Soziale Probleme – Soziale Berufe – Soziale Praxis. In: Maja Heiner, Marianne Meinhold, Hiltrud von Spiegel, Silvia Staub – Bernasconi: Methodisches Handeln in der Sozialen Arbeit. (S. 11-101) Freiburg im Breisgau.

STRAUSS, ANSELM L. 1996: Grounded Theory: Grundlagen Qualitativer Sozialforschung / Anselm Strauss/Juliet Corbin. Weinheim.

WALTHES, RENATE 1997: Behinderung aus konstruktivistischer Sicht. In: Johannes Neumann (Hrsg.): Behinderung. Von der Vielfalt eines Begriffs und dem Umgang damit. (S. 89-104) Tübingen.

WEICHLEIN, EMIL 1986: Soziale Rehabilitation. In: Deutscher Verein für öffentliche und private Fürsorge (Hrsg.):Fachlexikon der Sozialen Arbeit, 2. Auflage, (S. 763-764), Frankfurt a. M.

WERNING, ROLF / LÜTJE-KLOSE, BIRGIT 2003: Einführung in die Lernbehindertenpädagogik. München.

WORLD HEALTH ORGANISATION (WHO) 2005: ICF – Internationale Klassifikation der Funktionsfähigkeit, Behinderung und Gesundheit. Deutsches Institut für Medizinische Dokumentation und Information, DIMDI WHO-Kooperationszentrum für das System Internationaler Klassifikationen (Hrsg.). URL: www.dimdi.de/dynamic/de /indes.html [Stand: Oktober 2005, eingesehen am 05.06.2006].

WVO 1980: Werkstättenverordnung (WVO). Fassung: 13.08.1980, Letzte Änderung: 23.04. 2004. In: Sozialgesetzbuch IX (SGB IX). Stand: Juli 2004. Bundesarbeitsgemeinschaft der Integrationsämter und Hauptfürsorgestellen (BIH) (Hrsg.), (S. 263-281), Karlsruhe.